K.J.T. 1872

Straßburger Münster
vom Lyceum aus gesehen.

Zu „Emerich, Ortsbild“. Verlag von Karl J. Trübner in Straßburg.

Nach Phot. v. J. Manias & Co., Straßburg.

Der
Schutz des Ortsbildes

Das Elsaß-Lothringische Landesgesetz
betreffend baupolizeiliche Vorschriften
vom 7. November 1910 (Gesetzblatt v. 21. Nov.),

sowie das Ortsstatut und die Verordnung zum
Schutze des Ortsbildes von Straßburg vom
23. November 1910

erläutert

von

Dr. jur. Heinr. Emerich,
Beigeordneter der Stadt Straßburg.

Straßburg
Verlag von Karl J. Trübner
1911

M. DuMont Schauberg, Straßburg. — 431.

Inhaltsangabe.

Vorwort.

Wenn der Verfasser es unternommen hat, diese in knapper freier Zeit zustande gekommene Arbeit zu veröffentlichen, die nicht ausschließlich juristischen Charakter trägt, sondern auch beträchtlich übergreift in das Gebiet der Baukunst, so hat er dies in der Meinung getan, durch seine mehrjährige praktische Tätigkeit als Leiter der Straßburger Baupolizei, durch die im Auftrage des Herrn Bürgermeisters Dr. Schwander durchgeführte völlige Umgestaltung der Straßburger Bauordnung und Abfassung des in der Anlage abgedruckten Ortsstatuts wie der Verordnung zum Schutze des Ortsbildes von Straßburg sowie durch die Mitwirkung an dem vorliegenden Gesetze einigermaßen dazu legitimiert zu sein. Er hat dabei aber auch der Hoffnung gelebt, damit noch ein wenig dazu beizutragen, daß auch in seiner lieben Geburtsstadt Straßburg, wie in dem schönen Lande, das ihm zur Heimat geworden ist, die noch so reich vorhandenen wundervollen Ortsbilder, das kostbare Erbe der Vorzeit, erhalten bleiben, und daß die Baukunst, die wie keine andere Kunst dauernd an die Öffentlichkeit tritt und deshalb wohl den meisten Einfluß auf die Erziehung und Bildung des Volkes, auf seine besten Eigenschaften ausüben kann, sich ihrer hohen Aufgabe wieder mehr bewußt und wieder das wird, was sie sein sollte, der Ausdruck und zugleich der Träger einer höheren geistigen Kultur in den weitesten Volkskreisen.

Möge das anspruchslose Büchlein Gemeinde- und anderen Verwaltungsbehörden, Gerichten und Anwälten, aber auch Architekten, Unternehmern und Bauhandwerkern sowie Schulen im ganzen Lande dazu dienen, den Samen, den das neue Gesetz ausstreut, einst zum Blühen und Früchtetragen zu bringen, – alles zum Segen der Heimat. –

Im November 1910.

Dr. H. Emerich.

Gesetz, betreffend baupolizeiliche Vorschriften vom 7. November 1910.

(Gesetzblatt vom 21. November 1910.)

Wir Wilhelm, von Gottes Gnaden Deutscher Kaiser, König von Preußen usw. verordnen im Namen des Reichs für Elsaß-Lothringen, nach erfolgter Zustimmung des Bundesrats und des Landesausschusses, was folgt:

§ 1.

Durch Ortsstatut einer Gemeinde kann die Ortspolizeibehörde ermächtigt werden, neben den im Interesse der Sicherheit und Gesundheit erforderlichen baupolizeilichen Vorschriften auch solche zum Schutze des Ortsbildes über die Lage und die äußere Ausgestaltung baulicher Anlagen zu erlassen.

Auf den Erlaß des Ortsstatuts finden die Vorschriften des § 142 der Gewerbeordnung für das Deutsche Reich mit der Maßgabe Anwendung, daß an Stelle von beteiligten Gewerbetreibenden und Arbeitern Vertreter der beteiligten Grundstückseigentümer und geeignete Sachverständige anzuhören sind. In den Gemeinden, in denen die für Gemeinden von 25000 und mehr Einwohnern erlassenen Bestimmungen der Gemeindeordnung vom 6. Juni 1895 (Gesetzbl. S. 58) nicht zur Anwendung kommen, sind zu der Beschlußfassung des Gemeinderats die Höchstbesteuerten nach Maßgabe des § 44 der Gemeindeordnung zuzuziehen.

§ 2.

Dieses Gesetz tritt am 1. September 1910 in Kraft.

Urkundlich unter Unserer Höchsteigenhändigen Unterschrift und beigedrucktem Kaiserlichen Siegel.

Gegeben Neues Palais, den 7. November 1910.

Wilhelm.

(L. S.) Graf von Wedel.

I.

Einführung, Allgemeines und Geschichtliches.

Dieses Gesetz stellt die „Ortspolizeibehörde" vor eine völlig neue Aufgabe, den „Schutz des Ortsbildes" durch „baupolizeiliche Vorschriften" „über die Lage und äußere Ausgestaltung baulicher Anlagen"; es läßt das ästhetische Interesse als schutzbedürftig und schutzeswert neben das Interesse der Sicherheit und Gesundheit treten. So harmlos es aussieht, und eine so geringe Debatte es im Landesausschuß entfesselt hat, so kommt ihm doch eine geradezu umwälzende Bedeutung zu. Wird von ihm Gebrauch gemacht, und zwar vorsichtig und nicht nur in den großen Städten, wird es ferner richtig gehandhabt, so kann es dem Lande zu reichem Segen gereichen.

Neue Aufgabe.

Der gesetzliche Schutz des Ortsbildes, zu dem auch die Denkmalspflege im engeren Sinne, soweit sie die Baudenkmäler betrifft, gehört, ist in seiner jetzt in Deutschland bestehenden Gestalt eine Schöpfung erst der neuesten Zeit. Gesetze zum Schutze der Kunstdenkmäler überhaupt wurden zwar schon zur römischen Kaiserzeit, dann auch in späteren Jahrhunderten in Italien erlassen, namentlich das päpstliche Edikt von

Gesetzliche Maßnahmen zum Schutz der Baudenkmäler und des Ortsbilds.

1821, das ein teilweises Ausfuhrverbot, ein allgemeines Aufsichtsrecht des Staates, ein Vorkaufsrecht für ihn und eine Inventarisierung der Kunstdenkmäler gebracht hat. Auch sind zur Denkmalspflege in neuerer Zeit in mehreren Staaten Gesetze ergangen, so in Italien das Gesetz vom 22. VI. 1902 und das Reglement vom 11. VII. 1904, in Frankreich das Gesetz vom 30. III. 1887, das den Abschluß der Denkmalspflegebestrebungen dort bildet, weiter in mehreren Kantonen der Schweiz Gesetze aus den Jahren 1900 bis 1902, in Ungarn ein solches vom 4. V. 1881. Diese Gesetze dienten jedoch durchweg nur der Erhaltung der einzelnen Kunstdenkmäler als solcher, nicht zum Schutze ihrer Gesamtwirkung durch Beeinflussung ihrer Umgebung und nicht zum Schutze des Ortsbildes im ganzen oder in seinen Teilen, in Straßen- oder Platzanlagen. Dagegen griffen die Selbstherrscher der deutschen Staaten im 18. Jahrhundert vielfach, auch durch Verordnungen, rücksichtslos in die schönheitliche Entwicklung ihrer Residenzen ein, wenn auch nicht immer mit Glück. Das Allgemeine Preußische Landrecht vom 1. VI. 1794 enthält ferner in I, 8 § 66 eine gesetzliche Bestimmung, wonach „zur Verunstaltung der Städte und öffentlichen Plätze kein Bau und keine Veränderung vorgenommen werden" darf, eine Vorschrift, die jedoch infolge der engen Auslegung durch die obersten Gerichte sich auf den Fall „grober Verunstaltung",[1]) auf „Herbeiführung

[1]) Vgl. die „Zusammenstellung der hauptsächlichen Entscheidungen des Königlichen Oberverwaltungsgerichts über die Verunstaltung der Straßen und Plätze durch die Bauten" in

eines positiv häßlichen, jedes offene Auge verletzenden Zustandes“ beschränkt und dadurch ohne Bedeutung geblieben ist. Erst seit den siebziger Jahren und besonders in dem letzt verflossenen Jahrzehnt ergingen in den deutschen Bundesstaaten einzelne Gesetze, die den Schutz des Ortsbildes bezweckten, und vollständige Bauordnungen, die dieselbe Aufgabe neu aufnahmen. Hervorzuheben sind aus neuester Zeit das zugleich dem Schutze des Landschaftsbildes dienende preußische Gesetz „gegen die Verunstaltung von Ortschaften und landschaftlich hervorragenden Gegenden“ vom 15. VI. 1907, das teilweise unmittelbar die Verunstaltung des Ortsbildes sowie des Landschaftsbildes untersagt, sowie zu Vorschriften zum Schutze der Kunstdenkmäler und des Ortsbildes ermächtigt, ferner die durch Verordnung eingeführte badische Landesbauordnung vom 1. IX. 1907, (§ 23), die gleichfalls eine derartige Ermächtigung gibt, das sächsische Gesetz vom 10. III. 1909 „gegen die Verunstaltung von Stadt und Land“, die allgemeine Bauordnung für das Königreich Bayern vom 17. II. 1907, § 53, endlich das speziell der Denkmalspflege gewidmete hessische Gesetz vom 16. VII. 1902, das auch ein Ent-

---

der Anlage I zum Entwurf eines preußischen „Gesetzes gegen die Verunstaltung der Straßen und Plätze in geschlossenen Ortschaften“.

Das unten genannte preußische Gesetz von 1907 gebraucht die Wendung „gröbliche Verunstaltung“, was nach den Ausführungsbestimmungen des preußischen Ministeriums dasselbe bedeuten soll, wie „grobe Verunstaltung“, während in den Verhandlungen über das Gesetz teilweise ein anderer Standpunkt eingenommen wurde.

eignungsrecht „im Interesse von Baudenkmälern“ dem Staate gibt. (Art. 19.) In vielen deutschen Städten ergingen entsprechende Ortsstatute und Ortspolizeiverordnungen; eine Aufzählung erübrigt sich hier.

Tiefstand des Bauwesens.

Die erwähnten Gesetze haben regelmäßig ihre Ursache nicht etwa in einem besonders hohen allgemeinen Stande der Baukunst; sie sind vielmehr in der Regel einerseits zwar Zeichen von einem schließlich vorhandenen wachsenden Verständnis für die Ideale der Städtebaukunst in den für die Gesetzgebung maßgebenden Kreisen, anderseits aber ein Ergebnis der bitteren Notwendigkeit, einzuschreiten gegen Unverstand und Roheit, besonders auch zu Zeiten eines mehr oder weniger ausgeprägten Tiefstandes der ausübenden Baukunst: die italienischen Gesetze verdanken ihre Entstehung dabei der Beraubung des Landes von beweglichen Kunstschätzen durch Verschleppung ins Ausland, nach England und Amerika, und die französischen Bestrebungen und Einrichtungen der Denkmalspflege, die bisher ja für Elsaß-Lothringen vorbildlich waren, großenteils dem Vandalismus der großen Revolution, die geradezu die Zerstörung der an die Feudalzeit erinnernden Denkmäler anbefahl und zahllose von solchen vernichtete, sowie der in dieser Beziehung ähnlich auftretenden Restaurations-Periode von 1815—1830. Die deutschen Gesetze neuerer Zeit sind der Ausdruck der Erkenntnis, daß es mit der fortschreitenden Verunstaltung der Ortschaften, mit der Vernichtung und Verdunkelung der überkommenen Schönheitswerte in Stadt und Land, mit der fortschreitenden Ausbreitung einer völlig charakterlosen, aller Harmonie, alles Seelen- und Gemütvollen baren Bauerei nicht so weiter gehen kann, wie es mindestens seit Beginn der zweiten Hälfte des 19. Jahrhunderts, besonders aber seit den siebziger Jahren vielfach gegangen ist. Die Schuld daran trägt in den großen Städten, zunächst freilich, nicht in erster Linie ein Mangel an künstlerischem Können, sondern einmal der, auch auf dem Gebiete der schönen Literatur und der Malerei maßgebend gewordene, Historismus, der in äußerlicher Nachahmung der historischen Stilform schwelgte, dann war aber auch der Niedergang der Kunst im Bauwesen eine Folge der reißenden Zunahme der großstädtischen Bevölkerung und des gewaltigen wirtschaftlichen, materiellen Aufschwungs der Städte. Die Lösung und Fruktifizierung der plötzlich auftretenden neuen Aufgaben wurde unternommen von dem zur Herrschaft emporgetragenen Verkehrstechniker, der alles Heil sah in den schnurgeraden, jeden größeren Vorsprung ausschließenden, endlosen, sich rechtwinkelig schneidenden, breiten Straßen, in Plätzen, deren verschiedene Zweckbestimmung bei der Anlage nicht berücksichtigt wurde, darunter den berüchtigten sogenannten „Sternplätzen“, in Schienenwegen über und unter der Erde, weiter vom Ingenieur, der seine Vorliebe den Eisenbauten zuwandte, besonders eisernen, möglichst nüchtern, plump und kalt wirkenden Brücken und dergleichen Anlagen auch in der schönsten Landschaft, und vom Geschäftsmann, der Warenhäuser aus Eisen und Glas hoch über die Dächer der Altstadt führt, durch grellen Anstrich, durch plötzlich ab und zu auf-

Ursachen und Wirkungen

In den großen Städten.

flammende Lichtbilder, durch ungeheuere buntgestrichene Schilder und Aufschriften dem Publikum, mag es wollen oder nicht, die Vortrefflichkeit der Sunlightseife, von Nestle's Kindermehl, der Salem-Aleikum-Zigaretten usw. vor Augen stellt. Zu nennen sind hier weiter viele Stadtverwaltungen, die dem Hygieniker und seinem an sich durchaus berechtigten Schlagwort „Licht und Luft" zwar nicht an den Hofseiten der Häuser, wo es besonders notwendig gewesen wäre, entgegenkamen, wohl aber durch breiteste Straßen, durch Zerreißung dieser sowie der Plätze mittels ebenso breiter rechtwinkelig mitten durchlaufender Querstraßen oder durch schmale Seitenabstände zwischen hohen Häusern entgegenzukommen vermeinten, Baupolizeibehörden, die zunächst nur an Feuersicherheit und Standfestigkeit dachten und besonders aus übertriebener Sorge für diese die kleineren Wohnhäuser viel zu sehr mit Vorschriften belasteten, unter anderm dadurch aber die Errichtung hoher kastenartiger Häuser zwischen kahlen Brandmauern und flachen Dächern begünstigten, im übrigen den Grundsatz des Manchestertums „laisser aller laisser faire" befolgten, weiter der Boden- und Bauspekulant, der das Gelände in rechtwinkelige Baublöcke auflöst, reihenweise fast wie Zuchthäuser anmutende Mietskasernen hinstellt und dadurch die Bodenpreise im ganzen Umkreise in die Höhe treibt, endlich der „Architekt", der im Dienste des Spekulanten schablonenhaft und fabrikmäßig die Pläne zu solchen Häusern liefert. — Sie alle haben dazu beigetragen, den Großstädten durchweg in manchen Teilen einen gleichmäßigen Stempel von Charakterlosigkeit, Nüchternheit, Kälte, Unfreundlichkeit und Unruhe aufzudrücken, der durch ziemlich vereinzelte künstlerisch hochstehende Bauten und dankenswerte, wenn auch nicht überall, namentlich auf architektonisch angelegten Plätzen nicht immer richtig angebrachte Verwendung von lebendem Grün nicht verwischt werden kann. Man ist in einseitigster Weise weit über das Maß dessen hinausgegangen, was wirklich im Interesse des Verkehrs, des Geschäfts, der Schaffung von billigen Wohnungen, der Gesundheitspflege eigentlich notwendig und sicherlich durchaus berechtigt gewesen wäre. Dies läßt sich sagen bei aller Bewunderung für die großartigen Leistungen der Technik zur Sanierung der Großstädte und Unterbringung der vielen Menschen, bei aller Anerkennung der berechtigten Forderungen der Hygieniker im Städtebau und bei aller Würdigung der Tatsache, daß dem Verkehr und der Gesundheitspflege manches künstlerische Opfer wirklich gebracht werden mußte und auch heute noch gebracht werden muß.[1]) Eine materia-

[1]) In der im Auftrage des Bürgermeisters von dem Verfasser dieses Buches ausgearbeiteten Staffelbauordnung für die Stadt Straßburg vom 8. April 1910 (samt Zeichnungen und Zonenplan erschienen bei Heinrich, Straßburg) und der Begründung dazu sind die hygienischen Gesichtspunkte aufs entschiedenste betont und möglichst zur Geltung gebracht worden, trotz der gerade in Elsaß-Lothringen bestehenden Abneigung gegen solche Beschränkungen. —

Bei mehreren zu Sanierungs- und Verkehrszwecken durchgeführten großen Straßendurchbrüchen in Stuttgart, Frankfurt und Darmstadt hat man es mit viel Geschick verstanden, nicht mehr als notwendig zu opfern. Auch bei dem Straßburger „großen Straßendurchbruch" ist das beabsichtigt.

listische nüchterne Auffassung, eine fast ausschließliche Betonung des Erwerbs ist das Bezeichnende jener Zeit.

Dazu kam das schon nach der Biedermeierzeit einsetzende Abbrechen der guten Tradition der Baukunst bei den Architekten und den Baugewerksschulen, das einerseits zu Orgien der Originalität, unter anderem zum übertriebenen Kultus der Linie als Ornament, besonders dem sogenannten „Jugendstil" mit seinen tollen Verschlingungen und Schnörkeln, führte, anderseits, namentlich bei den Villenbauten, zu sinnloser Häufung von Motiven, womöglich aus allen denkbaren Baustilen, auch an demselben Hause, und nicht weit von proletarierhaft anmutenden Mietskasernen das geschmacklos protzenhaft auftretende Haus des Reichen ohne Rücksicht auf die Umgebung emporwachsen ließ. Die Unruhe ist neben dem Nüchternen das Charakteristische dieser Baukunst. Sie ahmte ohne Rücksicht auf die Umgebung die Stilformen vergangener Kunstepochen sklavisch nach, statt unter aller Anpassung an moderne Bedürfnisse anzuknüpfen an den Geist, an die Seele jener Kunstperioden.

auf dem Lande.

Sie wanderte von den Großstädten auch in die Kleinstadt und auf das Land, zunächst in die Vororte der Großstädte, dann aber auch auf entferntere Landorte. Man suchte dort die Großstadt zu kopieren, teils aus falschem Ehrgeiz, Überschätzung des dort Gefundenen und Verkennung des eigenen Wertvollen, teils, weil der Architekt, Bautechniker oder Maurermeister es nicht anders gelernt hatte. Da wurden wertvolle alte Stadttore des Verkehrs wegen abgebrochen, alte angeblich störende Laufbrunnen, Ziehbrunnen, Freitreppen, Bildstöcke, Wegkapellen und Wohnhäuser niedergelegt, viele Fachwerkshäuser rücksichtslos übertüncht oder überstrichen, charakteristische Baumgruppen gefällt und dafür gerade, in genauem Abstande abgezirkelte Bäumchenalleen gepflanzt; an die Stelle von schadhaft gewordenen steinernen Brücken, die ausgezeichnet in die Landschaft und das Ortsbild paßten, traten eiserne Brücken; der trauten Dorfkirchen schämte man sich und suchte eine städtische Kirche zu erlangen, die Wohnhäuser wurden nicht allzu selten aus glasierten Backsteinblendern hergestellt oder mit Zinkverkleidung mit schmalen hohen Fenstern, mit flachen Dächern, hohen Dachluken, mit Zink- sowie Gipsaufbauten wie überhaupt mit auf den Schein berechneten Zieraten, mit Einfriedigungen aus kalt und eintönig stehenden ordinären Eisenstäben anstatt aus Holz, Mauern und lebenden Hecken versehen; das hohe Mietshaus und die städtische Villa mit ihrer Überladung und ihrem Talmiprunk an Stelle edler Einfachheit haben schon Fuß gefaßt. Die heimischen in langen Jahrzehnten, ja Jahrhunderten erprobten, dem Bedürfnisse am besten gerecht werdenden Grundrisse und Bauformen wurden vielfach von großstädtischen, in keiner Weise organisch aus dem Bedürfnisse herauswachsenden abgelöst.

Gegenbestrebungen zum Schutze des Ortsbilds.

Die Erkenntnis des ungeheuren Schadens, den die fortschreitende Vernichtung und Beeinträchtigung der vorhandenen Schönheitswerte, die unkünstlerische, fast alles Schöne und alle Harmonie vermissen lassende neue

Bebauung der Kultur unseres Volkes zufügt, rief schließlich fein gebildete Männer auf den Plan, die durch Wort und Schrift, durch Abbildungen, Gegenüberstellung von guten „Beispielen" und schlechten „Gegenbeispielen", Ausstellungen, Vereinsgründungen und überhaupt volkstümliche Aufklärungsarbeit den Kampf dagegen aufnahmen. Um nur wenige zu nennen, seien hier erwähnt Camillo Sitte[1]) und Schultze-Naumburg,[2]) weiter später der Oberbürgermeister von Hildesheim Struckmann und der Bürgermeister von Brüssel Buls, der geheime Oberbaurat Dr. Stübben,[3]) Henrici,[4]) Gurlitt[5]) usw. Es ist eine starke Kulturbewegung, die aus der Sehnsucht nach einer künstlerischen Gestaltung unseres Lebens hervorging und starke Wurzeln gemeinsam hat mit der Bewegung des „Heimatschutzes", der Erhaltung des für die Heimat Charakteristischen, für das Land und den Ort, „in dem wir jung gewesen sind, mit allem, was dazugehört und dafür bezeichnend ist; das Land, das wir lieben, weil wir von ihm die

---

[1]) Der Städtebau nach künstlerischen Grundsätzen. 3 A. Wien und Leipzig 1901. 1 A. 1887.)

[2]) Kulturarbeiten, herausg. von Kunstwart. 4. Städtebau.

[3]) Der Städtebau IV. Teil, IX. Halbband des Handbuchs der Architektur und die Verhandlungen des Denkmalspflegetages 1903 sowie 1904.

[4]) Abhandlungen aus dem Gebiete der Architektur, München 1906.

[5]) Denkmalspflegetag 1904, Aufsatz in Wuttke, Die deutschen Städte, geschildert nach den Ergebnissen der Ersten deutschen Städtebauausstellung in Dresden 1903, erschienen Leipzig 1904.

tiefsten, dauerndsten Eindrücke empfangen haben, und weil es für uns verklärt ist vom Goldglanz der Jugend. In der Heimat wurzelt unser patriotisches und volkstümliches Empfinden".[1]) Die Denkmalspflegetage, der Bund für Heimatschutz und der Dürerbund mit ihren Flugschriften taten das Ihrige, um das Verständnis und Interesse für den Wert und die Schönheit der heimischen bodenständischen Bauformen, die ästhetische, ethische und schließlich auch materielle Bedeutung der vorhandenen Kunstdenkmäler, sowohl einzelner Bauten als ganzer Straßen-, Platz- und Ortsbilder zu wecken, sie lieb zu gewinnen, stolz darauf zu sein, am Orte solche zu besitzen. Über die Bedeutung der Kunst und des Ortsbildes führt die genannte Begründung des Gesetzes wie der Straßburger Entwurf aus:

„Die Kunst ist ein mächtiger Kulturfaktor und vermag dies in noch weit höherem Maße zu werden, wenn sie zu einem Gemeingut nicht nur einzelner Kreise, sondern womöglich der ganzen Bevölkerung wird. Von größtem Einfluß auf die Erziehung des Volkes in dieser Richtung und auf die Bildung überhaupt ist die Gestaltung des Ortsbildes; dieses hat die Bevölkernng ständig vor Augen; von der frühesten Kindheit empfängt sie hier Eindrücke, die bestimmend bleiben können für das ganze Leben; auch Heimatsgefühl und Heimatsliebe finden eine Stütze in der Erhaltung des Ortsbildes. Der ästhetischen Bildung kommt jedoch nicht nur in idealer Richtung

[1]) M. Haushofer.

ein kaum meßbarer Wert zu, sondern auch materiell ist ihr eine gewisse Bedeutung nicht abzusprechen. Sie bestimmt schließlich größtenteils die Form vieler Industrieerzeugnisse, auch hängt der Fremdenverkehr wesentlich davon ab, daß das Ortsbild seinen interessanten Charakter behält und ausbildet."

Das Interesse und notwendige Verständnis dafür wurde durch die geschilderte Aufklärungsarbeit in weite Kreise getragen; sie hat reiche Erfolge aufzuweisen. Ihr größtenteils ist es auch zu verdanken, daß in den Städten bei der Straßenführung in neuerer Zeit auch die künstlerische Seite Beachtung findet, daß man sich u. a. bemüht, durch leichte Biegung der Wohnstraßen malerische, künstlerische Reize, wie sie die alten Straßenbilder vielfach aufweisen, wenigstens einigermaßen neu zu schaffen, durch gewisse Vorsprünge und Zurückweichen der Bauflucht dem Auge Ruhepunkte zu bieten und durch Verlegung der Straßen an die Außenseiten der Plätze, sowie durch Absetzen ihres geraden Durchzuges diesen die Geschlossenheit zu geben, die zur Erzielung eines ruhigen, würdigen oder traulichen Eindrucks fast unentbehrlich ist, daß man schließlich die Kirchen, Monumentalbauten und Denkmäler nicht mehr mitten in den Platz stellt, auch wo es die Größenverhältnisse, die Verschiedenheit der Platzseiten oder die Form des Denkmals verbieten, sondern mit den umgebenden Bauten zu einer harmonischen Einheit verschmilzt. Bei den öffentlichen Bauten wird durchweg nicht mehr der ödeste Nützlichkeitsstandpunkt herausgekehrt; man ist bestrebt, bei aller Einfachheit und praktischen Verwendbarkeit würdige Gebäude zu errichten und den Privaten ein Vorbild zu geben. Man opfert schließlich nicht mehr so ganz skrupellos die Erzeugnisse der Heimatkunst.

Auch auf den technischen Hochschulen und in den Architekten- und Ingenieurvereinen [1]) machte sich der Einfluß der neuen Ideen stark bemerkbar und strahlte wieder aus auf die neue Generation, die inzwischen herangewachsen war, sodaß auch bei den Privatbauten, namentlich auch bei den wirtschaftlich modernsten Bauten, Warenhäusern, Hochbehältern, Schlachthäusern, Fabriken sowie bei den Villenbauten und Landhäusern vielfach eine Beachtung und ein Verständnis jener Ideen in die Erscheinung tritt.

Notwendigkeit des gesetzlichen Schutzes.

Immerhin hat sich zugleich mit dem in weitere Kreise dringenden Verständnis und Interesse, besonders auch bei den Behörden, die Erkenntnis verbreitet, daß alle Bestrebungen das Ortsbild schließlich nicht genügend schützen, wenn es an einer im letzten Hintergrunde stehenden gesetzlichen Befugnis fehlt, die Verunstaltung des Ortsbildes und seiner Teile, der Kunstdenkmäler im weitesten Sinne zu verbieten, wo das nötige soziale Empfinden, das Gefühl der Verantwortlichkeit gegenüber der Allgemeinheit nicht genug ausgebildet ist, wo Unverstand, Gewinnsucht oder Böswilligkeit es erfordern. Diese Erkenntnis hat zu den genannten deutschen Gesetzen und Ortsstatuten geführt.

---

[1]) Vgl. insbesondere die beiden Denkschriften des Verbandes deutscher Architekten- und Ingenieurvereine, genehmigt durch die Abgeordnetenversammlung in Danzig 1908.

Besondere Verhältnisse in Elsaß-Lothringen.

In Elsaß-Lothringen war der geschichtliche Gang ähnlich. Im besonderen ist hier auf die vorhandenen Kunstdenkmäler und auf die Einrichtungen der Denkmalspflege hinzuweisen: –

Reichtum an Baudenkmälern.

Das Land hat noch einen bewunderungswürdigen Reichtum an Kunstdenkmälern aufzuweisen.

Dazu gehören vor allem zahlreiche künstlerisch und kunsthistorisch einzigartige hervorragende Bauten, sowohl aus dem Mittelalter,[1]) worunter viele Kirchen, Klöster, Burgen, als besonders aus der Zeit der Renaissance des 16. und 17. Jahrhunderts, neben bedeutenden öffentlichen Gebäuden, wie z. B. dem hôtel du commerce und dem Straßburger Frauenhaus, das noch gotische Reste aufweist, hauptsächlich Bürgerhäuser[2]) und Bauernhäuser. Dazu treten die französischen Stilformen aus der Zeit Ludwigs XIV. bis XVI., namentlich Ludwigs XV., z. B. an dem Rohan'schen Schloß, dem Rathaus und der Präfektur, dem heutigen Statthalterpalast in Straßburg. Unter den Wohn-

---

[1]) Zum Beispiel das Straßburger Münster, die St. Martinskirche in Colmar, St. Theobaldt in Thann, St. Georg in Schlettstadt, St. Leodegar in Gebweiler, die Kirchen in Rufach, Rosheim, Hagenau und Weißenburg, ferner Kloster Murbach bei Gebweiler, die Ruine Landskron bei Basel, die Ulrichsburg bei Rappoltsweiler, Girbaden oberhalb der Breusch, Hohbarr bei Zabern, Wasigenstein, Fronsburg und Hohenburg an der Pfälzer Grenze.

[2]) Z. B. das Kammerzellsche Haus in Straßburg, das Haus Ohnenstetter in Kaysersberg, das Kopfhaus und das Haus St. Johanngasse Nr. 3 in Colmar.

häusern zeichnen sich besonders die Fachwerksbauten aus dem 16. und 17. Jahrhundert, auf dem Lande auch aus dem 18. Jahrhundert, aus. Es läßt sich für sie geradezu ein „elsässischer" Stil in Anspruch nehmen. Für die Wohnhäuser aus dem 18. Jahrhundert, besonders in der Gegend von Obermodern, Niederbronn sind z. B. die Holzgalerien, für die Wohngebäude in der Gegend von Selz, Weißenburg, soweit die Grafschaft Hanau-Lichtenberg reichte, die Vordächer unter den Stockwerken bezeichnend. In Lothringen, wo der romanische Einfluß beginnt, herrschen die Häuser mit flachen Dächern vor.

Außer den Gebäuden sind besonders im Elsaß noch zahlreiche alte Stadtmauern, Stadttore und Türme,[1]) hauptsächlich aus dem Mittelalter, Laufbrunnen,[2]) Ziehbrunnen,[3]) Torbogen über Einfahrten und dergleichen erhalten.

Neben den vielen einzelnen, vom Standpunkt der Denkmalspflege wichtigen interessanten alten Bauwerken sind aber von besonderer Bedeutung stimmungsvolle harmonische Straßen- und Platzbilder als Teile des Ortsbildes selbst, wie es, von den daran so reichen größern Städten Straßburg, Metz und Colmar abgesehen, besonders auch eine Reihe kleiner Vogesenstädte und Dörfer, teilweise insgesamt, darstellen, z. B.

---

[1]) Z. B. der Dolder in Reichenweier, die Tore in Börsch, die Reste der Stadtbefestigung in Bergheim.

[2]) Z. B. in Heiligenstein und in Mutzig.

[3]) Z. B. in Reichenweier.

Oberehnheim, Rosheim, Kaysersberg, Türkheim, Reichenweier, Mittelbergheim, Bergheim, Dambach, Rappoltsweiler, Lauterburg, Weißenburg usw.

Fortschreitende Verunstaltung.

Leider hat dieser große Reichtum des Landes schon erhebliche Einbußen erlitten. Die Kriege, die unser Land mehr als ein anderes durchtobten, die Revolution, die nicht einmal das Straßburger Münster verschonte, haben auf diesem Gebiete schon viel Zerstörung angerichtet; aber auch in friedlichen Zeiten sind viele Kunst- und Schönheitswerte verloren gegangen. Es ist hohe Zeit, daß dem energischer als bisher vorgebeugt wird. Neben der vielfachen Vernichtung und Verunstaltung der einzelnen Kunstdenkmäler durch Abbruch oder durch Veränderungen, neben der Verdunkelung ihrer Wirkung durch Verdecken gerade ihrer schönsten Ansichten ging oft auch eine Verunstaltung des ganzen Bildes durch neue Bauten, die sich nicht nur in ihrer ganzen Bauform, sondern auch in den Umrißlinien, dem Verhältnis der Maße und Farben in keiner Weise dem Bilde einpaßten. Auch in den neuen Stadtteilen der großen elsaß-lothringischen Städte machten sich die oben für Deutschland überhaupt geschilderten bedauernswerten Einflüsse bemerkbar, obschon die Bevölkerungszunahme in diesen Städten keine derart plötzliche und schnelle war, wie in manchen deutschen Großstädten. Besonders auffallend, auch gegenüber den Bauten in den altdeutschen Großstädten, sind an Privatbauten die vielen nackten Giebelmauern, die sich aus dem bis vor kurzem in keiner Weise gezügelten Durcheinander von großen und kleinen Häusern ergeben haben. Sehr im Rückstande ist man auch durchweg mit Friedhofsanlagen und Grabdenkmälern.[1])

Verunstaltung von Straßburg.

Über die Verunstaltung von Straßburg führt die Begründung zu dem Entwurf des obigen Gesetzes, die hier wie auch im übrigen größtenteils aus den im Auftrage des Bürgermeisters von Straßburg Dr. Schwander zunächst für das Land, dann für diese Stadt von dem Verfasser dieses Buches ausgearbeiteten Gesetzentwürfen übernommen ist, Folgendes aus:

„In vielen Fällen ließen sich ohne wesentlich höheren Aufwand, ja nicht allzu selten mit weniger Kosten Bauten herstellen, die den modernen Bedürfnissen gerecht werden, aber zugleich sich dem vorhandenen Straßen-, Platz- oder Ortsbilde anpassen. Vielfach wird aber ein solcher Versuch nicht einmal in Betracht gezogen. Manch ehrwürdiges Bauwerk, manch stimmungsvolles Straßenbild wird ohne jeden zwingenden Grund verunstaltet durch neue Bauten und Umbauten, die roh und rücksichtslos ihre nackten Giebelmauern und ihre öden Wandseiten möglichst hoch über die trauten Bilder der Vergangenheit emporrecken und dadurch oder durch möglichst grelle, aufdringliche Farben und Aufschriften den gesamten künstlerischen Eindruck einer Straße oder eines Platzes vernichten. Beispiele dafür brauchen wohl nicht angeführt zu werden. Sie

---

[1]) In Straßburg sind solche sehr erschwert durch die Bestimmungen des Rayongesetzes. — Vgl. Hans Grässel über Friedhofanlagen und Grabdenkmalkunst (Flugschrift des Dürerbundes) München, und Rettich, Neuzeitliche Friedhöfe (Aufsatz in der Gartenkunst), Bd. VIII, 1906.

sind bekannt genug. Die jüngsten sind der abscheuliche Anstrich des Goethehauses am alten Fischmarkt und des Lohkäshauses im Pflanzbad.

Wer mit offenem Auge die Entwicklung namentlich von Straßburg und der andern großen Städte verfolgt, wird die fortschreitende Verunstaltung und Veränderung der alten Ortsteile bemerken. Sie erhalten nach und nach dasselbe langweilige, eintönige Aussehen, das bereits vielfach die Straßen und Plätze der modernen Städte bezeichnet, das kein Fremder eines Blickes würdigt, weil es in allen Städten wiederkehrt.

Für die neuen Stadtteile gilt dies in noch weiterem Umfange. Dort dominiert das vielstöckige Mietshaus. Viele Wohnhäuser werden auf Spekulation gebaut. Das ideale Band zwischen Haus und Eigentümer ist zerrissen, man sucht vielfach so rasch wie möglich das Haus weiter zu veräußern, um das Geschäft zu machen. Idealen Rücksichten sind die Spekulanten beim Bauen in der Regel nicht zugängig. Von der Vorbildung mancher Bauherren und ihrer Beauftragten kann man, jedenfalls zurzeit, auch kaum ein Verständnis für diese Rücksichten verlangen. Sie stellen die allen Schmuckes baren Mietskasernen zwischen die vornehmsten Villen an den schönsten Straßen, die Stallung neben die Kirche, wenn es nur materiellen Vorteil zu bringen verspricht. Gewiß gibt es auch manchen Architekten, der wirklich auf die Bezeichnung „Künstler" Anspruch machen darf, manchen Bauherrn, der sich durch ästhetisches Empfinden und ideale Gesichtspunkte leiten läßt; aber selbst, wenn solche Personen die Mehrzahl der Bauten an einer Straße herstellen, so sind sie doch nicht davor geschützt, daß nicht irgend ein Nachbar durch andere Bauten die ganze Straße doch verunstaltet. Vereinbarungen von Eigentümern bestimmter Stadtteile kommen vor, aber sie können leicht vor der Ausführung noch an dem bösen Willen oder Unverstand eines einzigen scheitern. Wenn in den neuen Stadtteilen von Straßburg sich kaum eine wirklich stimmungsvolle Straße, kaum ein harmonischer Platz findet, so hat zwar die vielfach unkünstlerische Führung der Straßen und Anlage der Plätze zu diesem Ergebnis erheblich beigetragen, aber die private Bautätigkeit hat doch einen sehr beträchtlichen Teil der Schuld. Sie hat u. a. selbst den Illstaden, jetzt Paul Labandstaden durch einen Klotz mächtiger Häuser, der sich zwischen Villen erhebt, in seinem Gesamteindruck verdorben, einen Staden, der, den natürlichen Krümmungen der Ill folgend, eine der allerschönsten Promenaden hätte werden können. Um ein charaktervolles Stadtbild zu wahren und neue entstehen zu lassen, greift, wie die Erfahrung gerade in Straßburg zur Genüge gezeigt hat, solchen Einflüssen gegenüber auch die gütliche Einwirkung der Behörde nicht durch. Ihre Unterstützung durch Vereine, durch die Bestrebungen der „Denkmalspflege“ und des „Heimatschutzes“ sowie durch die öffentliche Meinung ist zwar nicht von geringem Werte, vermag aber eine Verunstaltung nicht in allen Fällen auszuschließen.“ —

Wie unten unter II. im einzelnen dargelegt werden

wird, fehlte in Elsaß-Lothringen den Bürgermeistern, denen die Führung der Baupolizei obliegt, jede Handhabe, eine Verordnung auf künstlerischästhetische Gesichtspunkte zu stützen; es wurde aber auch, von der allerjüngsten Zeit – Bauordnung vom 8. April 1910 von Straßburg — abgesehen, von den vorhandenen gesetzlichen Bestimmungen, die einen Eingriff aus Gründen der Sicherheit und Gesundheit zulassen und mit denen vielfach als Nebenwirkung auch ein Einfluß auf das Aussehen der Stadt heute erzielt werden kann, kein ausreichender Gebrauch gemacht.

Einrichtungen der Denkmalspflege.

Auch der Denkmalspflege, der zurzeit lediglich die Überwachung der einzelnen geschichtlichen Denkmäler, insbesondere der klassierten Denkmäler (« monuments historiques classés »), sowie der Naturdenkmäler obliegt, stehen nur sehr beschränkte Machtmittel zur Verfügung. Ihre Einrichtungen sind aus der französischen Zeit übernommen; die Verordnungen und Verfügungen, die für diese gelten, stehen etwas erweitert auch in Elsaß-Lothringen in Kraft. Die Denkmalspflege ist zentralisiert unter je einem Konservator der geschichtlichen Denkmäler für das Elsaß und für Lothringen, der dem Ministerium, Abteilung für Landwirtschaft und öffentliche Arbeiten, unterstellt ist, seine Berichte und Anträge aber durch Vermittelung der Bezirkspräsidenten einreicht. Er hat dafür zu sorgen, daß an den seiner Aufsicht unterstellten Denkmälern keine Veränderungen, wie Abbruch, Umbauten, Ausbesserungen und dergleichen, erfolgen ohne Ermächtigung des Ministeriums, und daß die zur Erhaltung der Denkmäler erforderlichen Maßnahmen rechtzeitig getroffen werden. Nur gegenüber Arbeiten an eigentlichen „klassierten" Denkmälern wird jedoch der Regierung ein Kontrollrecht zuerkannt, außerdem auch gegenüber den nicht klassierten Denkmälern der Gemeinden und gewissen öffentlichen Anstalten einiger Einfluß insofern, als sie die Aufsicht über die Gemeinden und öffentlichen Anstalten zu führen hat. Im übrigen kann der Konservator, insbesondere hinsichtlich der im Privateigentum stehenden Denkmäler nur durch gütliche Ratschläge eine Einwirkung ausüben.[1]) Die Oberaufsicht über die Ausführung und über die Abnahme der Arbeiten an klassierten Denkmälern steht den staatlichen Hochbauinspektoren zu, wovon es nach der neuen Einteilung im ganzen 8, davon 2 in Straßburg und 2 in Metz, hier im Lande gibt.[2]) Für die den Gemeinden und öffentlichen Anstalten gehörenden Denkmäler haben die Hochbauinspektoren für Gemeindebau die Überwachung zu besorgen. Zur Leitung von Gemeindebauten sind nur die in das Verzeichnis der Gemeindebaumeister aufgenommenen Architekten befugt. Reichhaltige Sammlungen von Aufnahmezeichnungen und Photographien der elsaß-lothringischen Denkmäler sind vereinigt im Denkmalarchiv, das dem Konservator der geschichtlichen Denkmäler im Elsaß

---

[1]) Vgl. Dienstanweisung für die Konservatoren der geschichtlichen Denkmäler in Elsaß-Lothringen, Ministerialerlaß vom 18. März 1903.

[2]) Ministerialerlaß vom 21. Mai 1910 je 1 in Mülhausen, Colmar, Hagenau, Saargemünd.

unterstellt ist, und im alten Schloß, dem ehemaligen bischöflichen Sitze des Kardinals Rohan-Soubise, gegenüber der Südseite des Münsters untergebracht ist. Die Konservatoren werden in den einzelnen Kantonen unterstützt durch die vom Ministerium ernannten Denkmalspfleger, ihren amtlichen Vertrauensmännern in vielen, auch kleineren Orten, welche die Konservatoren von bevorstehenden beabsichtigten Änderungen oder notwendigen Arbeiten an Kunstdenkmälern benachrichtigen, ihnen neue Funde anzeigen, sie überhaupt über die Angelegenheiten der Denkmalspflege in ihrem Bezirk auf dem Laufenden zu erhalten und das Interesse daran in jeder Weise zu fördern haben.

Von den Altertumsvereinen in den einzelnen Orten, von denen besonders die Gesellschaft für Erhaltung der geschichtlichen Denkmäler in Straßburg, sowie die Schongauer-Gesellschaft in Colmar zu erwähnen sind, ferner die Industrielle Gesellschaft in Mülhausen, die wertvolle Sammlungen aufweist, die Literarische Gesellschaft des Vogesen-Klubs in Straßburg u. a. m., werden das Interesse an der Denkmalspflege und das Verständnis für sie geweckt und verbreitet, auch gütliche Einwirkung und Unterstützung mit gutem Rat, gegebenenfalls selbst durch kleine Beihilfen ermöglicht. Soweit jedoch all dies nicht zum Ziel führt, kann bis heute die Vernichtung oder Verunstaltung eines Kunstdenkmals oder seiner Umgebung nicht verhindert werden.

Eine im letzten Hintergrund stehende Zwangsbefugnis steht den Konservatoren ebensowenig zu, wie sie den Ortspolizeibehörden zur Abwehr von Verunstaltungen ganzer Ortsbilder oder ihrer Teile, der Straßen- und Platzbilder bisher zu Gebote gestanden hat.

Schwierigkeiten für den Schutz des Ortsbilds in Elsaß-Lothringen.

Daß in letzter Beziehung Wandel geschaffen, daß ein Gesetz jemals zustande kommen werde, schien noch vor einem Jahrzehnt völlig aussichtslos. Mindestens so sehr wie in vielen altdeutschen Gebieten herrscht in Elsaß-Lothringen der Sinn für den Erwerb und für die materiellen Güter; dazu kam die aus den Zeiten der großen Revolution überkommene Abneigung gegen jeden polizeilichen Zwang, die hohe Wertschätzung der Ideen nicht nur der persönlichen Freiheit, sondern namentlich auch des Privateigentums.[1])

Die stille Aufklärungsarbeit, der Vorgang der wichtigsten deutschen Bundesstaaten, die Erkenntnis, daß von Jahr zu Jahr mehr von dem kostbaren Erbe der Vorfahren, von hohen Kultur- und Schönheitswerten hier im Lande unterging, hat aber auch hier schließlich gesiegt.

Anregung zu dem neuen Gesetze.

Den Anstoß zu dem Gesetz hat einerseits das Verlangen des Architekten- und Ingenieurvereins für Elsaß-Lothringen nach einer Landesbauordnung gegeben, die eine vollständige Regelung und wesentliche Erweiterung der gesamten baupolizeilichen Befugnisse bringen sollte, dann aber auch der Antrag der Stadt Straßburg auf Erlaß eines Gesetzes „zum Schutze des Ortsbildes gegen Verunstaltung durch Bauausführungen"

[1]) Vgl. z. B. die Verhandlungen des Landesausschusses über das Gesetz vom 21. Mai 1879 und vom 6. Januar 1892 (Anträge des frühern Straßburger Bürgermeisters, jetzigen Staatsrats Exz. Back und Gen.), Sitzungsberichte 1879, VI. Session, Bd. II, S. 18—20 und 1891, XVIII. Session, Bd. II, S. 419 und 807.

für Elsaß-Lothringen.[1]) Die Petition des Architekten- und Ingenieurvereins an den Landesausschuß hat zweifellos die bisherige gesetzliche Ermächtigung der Bürgermeister zum Erlaß der örtlichen Bauordnungen zu eng geschildert, was die Rücksichten auf Sicherheit und Gesundheit angeht; es wird darauf unten unter II noch zurückzukommen sein. Die Regierung, die Landesbaukommission und der Landesausschuß waren mit der Stadtverwaltung Straßburg der Ansicht, daß die schon bestehenden Gesetze, was Sicherheit und Gesundheit angeht, eine so ziemlich ausreichende Ermächtigung geben,[2]) ferner, was nicht in vollem Umfange zutreffen dürfte, daß wegen der Verschiedenheit der Verhältnisse die Ausgestaltung der Baupolizei der örtlichen Regelung in den Gemeinden völlig überlassen werden müsse. Dagegen schlossen sich sämtliche in Betracht kommenden Faktoren der Ansicht an, die Ermächtigung der Bürgermeister müsse dahin erweitert werden, daß sie auch auf künstlerisch-ästhetische Rücksichten baupolizeiliche Verordnungen stützen könnten.

Straßburger Entwürfe.

Schon am 17. März 1908, also vor der Petition des Architekten- und Ingenieurvereins, hat die Straßburger Stadtverwaltung der Regierung einen im Auftrage des Bürgermeisters Dr. Schwander von dem Verfasser dieses

---

[1]) Sitzungsberichte des Landesausschusses XXXVI. Session, 21. Sitzung am 12. Mai 1909, S. 422 u. 425.

[2]) Wenn sie richtig ausgelegt werden; vgl. dazu Emerich, baupolizeiliche Eigentumsbeschränkungen in Elsaß-Lothringen, Zeitschrift für Zivilrecht und Prozeßrecht, Verlag von J. Bensheimer, Mannheim, 1. Jahrg. 1909, 3. Heft, S. 424—458. Ferner die Verhandlungen des Landesausschusses cit. loco S. 422 u. 423.

Buches ausgearbeiteten vollständigen Entwurf eines „Gesetzes zum Schutz des Orts- und Landschaftsbildes durch Verunstaltung durch Bauausführungen“ samt Begründung zur Kenntnisnahme überreicht.

Dieser Entwurf bezweckte vor allem, der Regierung die Wünsche der Stadt genau bekannt zu geben und ihr die Arbeit zu erleichtern; er ging deshalb ins einzelne, auch nahm er tunlichst Rücksicht auf die zu erwartende geringe Geneigtheit des Landesausschusses, derartigen Anträgen zuzustimmen. Er sah ein gesetzliches Verbot von „auffallenden offenbaren“ Verunstaltungen des Ortsbildes und Landschaftsbildes vor. Der Schutz des Ortsbildes sollte dem Bürgermeister und der des Landschaftsbildes dem Bezirkspräsidenten obliegen. Der örtlichen Regelung sollte überlassen werden weiter eine Anzahl von Bestimmungen, die teils dem Denkmalsschutz, teils dem Schutze des Ortsbildes sowohl in seinen alten Teilen als besonders auch in neuen Stadtteilen dienen sollten und zu deren Erlaß die Bürgermeister wie zum Erlaß sonstiger Baupolizeiverordnungen kraft des Gesetzes ermächtigt werden sollten. Gewisse Bestimmungen sollten aber nur von den Bürgermeistern der größeren Städte und der gleichgestellten Gemeinden erlassen werden können. Der Straßburger Entwurf sah ferner Ausnahmen von den Bestimmungen des Gesetzes und der Polizeiverordnung vor und erklärte die Anhörung von Sachverständigen als notwendig, in den vier großen Städten von ständigen Sachverständigen-Kommissionen, die teilweise aus freigewählten Abgesandten der Sachverständigenvereine, einem Vertreter der Eigentümer und des Gemeinderats bestehen sollten. Nachdem die Stadtverwaltung von Straßburg eine Reihe von Sachverständigen- und Interessentenvereinen über den gedruckten Entwurf des Gesetzes gehört[1]) und allgemeine Zustimmung dazu erhalten hatte, auch durch Vorträge des Verfassers den Boden vorbereitet hatte, legte sie dem Gemeinderat den Entwurf zur Beschlußfassung über ein entsprechendes Gesuch an die Regierung vor. Auf Anregung aus dem Gemeinderat heraus wurde der Entwurf auf Straßburg beschränkt und auf die Bestimmungen, die erst durch Verordnung des Bürgermeisters eingeführt werden sollten. Für diesen Entwurf, der sich im übrigen, auch hinsichtlich der Begründung mit dem ersten deckt, sprach sich der Gemeinderat einstimmig aus, erklärte den Erlaß eines entsprechenden Gesetzes für dringend notwendig und beauftragte die Stadtverwaltung, den Entwurf dem Ministerium mit der Bitte zu überreichen, ein derartiges Gesetz dem Landesausschuß vorzulegen.[2]) Die Stadt Mülhausen[3])

[1]) U. a. den Architekten- und Ingenieurverein für Elsaß-Lothringen, die Vereinigung Straßburger Architekten, den Verband Straßburger Künstler, die Gesellschaft der Kunstfreunde, den Konservator der geschichtlichen Denkmäler im Elsaß, den Straßburger Haus- und Grundeigentümerverein.

[2]) Im folgenden ist unter dem „Straßburger Entwurf", wo nichts Besonderes gesagt ist, immer dieser zweite nur für Straßburg bestimmte Entwurf gemeint.

[3]) Sie hat ihn auch fast wörtlich unmittelbar als Ortsstatut verwendet, soweit dieses bisher als Vorlage den Mülhauser Gemeinderat beschäftigt hat.

übernahm diesen Entwurf und wandte sich gleichfalls mit einer entsprechenden Eingabe an das Ministerium. Für die Auslegung des neuen Gesetzes ist er wegen der starken Berücksichtigung, die er in dem neuen Gesetz und namentlich in seiner Begründung gefunden hat, von Wert, und deshalb ist wenigstens der Text des Entwurfs im Anhang dieses Buches abgedruckt.

Während jedoch in den beiden Entwürfen der Stadt Straßburg mehr detaillierte Bestimmungen vorgesehen waren und, wie in der Begründung ausgeführt ist, es absichtlich vermieden wurde, zu allgemein lautende Vorschriften zu geben, etwa wie in den älteren und einigen neueren Baugesetzen, Bauordnungen und Ortsstatuten, daß den „Anforderungen der Ästhetik" zu entsprechen sei, daß die Bauten ein „gefälliges Äußere" haben müssen, daß Vorschriften „im Interesse der Schönheit" ergehen könnten usw., ist die Fassung des elsaß-lothringischen Gesetzes im Gegensatz auch zu den meisten neueren derartigen Gesetzen eine ganz allgemeine, umfassende und kurze. Es stellt sich als ein Blankettgesetz dar, das erst durch ein der Beschlußfassung des Gemeinderats und der Genehmigung des Bezirkspräsidenten unterstelltes Ortsstatut seinen Inhalt erhält, bindende Kraft aber für die Bauenden erst durch Verordnung des Bürgermeisters, die er nicht wie sonstige baupolizeiliche Vorschriften unmittelbar kraft Gesetzes, sondern erst auf Grund der ihm durch das Ortsstatut erteilten Ermächtigung erlassen kann. Als solches durfte es ohne große Gefahr einen so umfassenden Wortlaut erhalten („Baupolizeiliche Vor-

Allgemeine Fassung.

Blankettgesetz.

schriften über die Lage und äußere Ausgestaltung baulicher Anlagen") und war für die Annahme im Landesausschuß zweifellos besser geeignet. Der Zweck des Gesetzes wurde aber erst durch die Worte „zum Schutze des Ortsbildes" bezeichnet, die erst in Anlehnung an die Straßburger Entwürfe auf Grund der Begutachtung durch den Staatsrat in das Gesetz hineingekommen sind. Der Schutz des Landschaftsbildes ist dagegen nicht Gegenstand des Gesetzes. Als Beispiele für die auf Grund des Gesetzes möglichen Vorschriften zum Schutze des Ortsbildes führt die Begründung die im Straßburger Entwurf für Straßburg vorgesehenen Bestimmungen an. Es ist am 28. Juni 1910, nachdem die Regierung in dankenswerter Weise energisch dafür eingetreten war, dem Kommissionsantrag entsprechend vom Landesausschuß[1]) angenommen worden und hat am 29. September die Zustimmung des Bundesrats erhalten.

Im folgenden wird das Gesetz im einzelnen zu erläutern sein.

---

[1]) Vgl. die Verhandlungen 1910, XXXVII. Session, 33. und 35. Sitzung.

II.

„Baupolizei“ und „baupolizeiliche Vorschriften“.

Notwendigkeit der Abgrenzung.

Das Gesetz regelt in gewissem Umfange den Erlaß von „baupolizeilichen Vorschriften“. Auf Begriff und Wesen der Baupolizei und baupolizeilichen Bestimmungen muß daher im folgenden eingegangen werden, einmal zur Abgrenzung der nach dem neuen Gesetz zulässigen Vorschriften von anderen unzulässigen, dann auch zur Abgrenzung der Zuständigkeit in den großen Städten des Landes Straßburg, Metz, Mülhausen, wo die meisten ortspolizeilichen Befugnisse durch das Gesetz betreffend die Einrichtung der Verwaltung vom 30. VII. 1871 dem Bürgermeister genommen und auf einen unmittelbaren staatlichen Beamten, den Polizeipräsidenten, in Mülhausen den Kreisdirektor übertragen sind, aber „die Baupolizei und die Festsetzung der Baulinien“ oder, wie es in dem Ministerialerlaß für Mülhausen heißt, „die Baupolizei einschließlich der Festsetzung der Fluchtlinien“ dem Bürgermeister überlassen wurde. Zu einer ziemlich eingehenden Behandlung nötigt auch der Umstand, daß es in Elsaß-Lothringen überhaupt nur wenige örtliche Bauordnungen gibt, und daß die vorhandenen mit sehr wenigen Ausnahmen nicht den fortgeschrittenen modernen Anforderungen entsprechen, so daß das neue Gesetz zweifellos Anlaß geben wird, in manchen Gemeinden allgemeine, nicht nur ästhetisch-künstlerische Zwecke verfolgende Bauordnungen zu erlassen oder die vorhandenen zu verbessern.

Wesen und Aufgabe der Baupolizei.

Die Baupolizei ist ein Zweig der Polizeiverwaltung überhaupt; es ist ihr vom Staate die, nötigenfalls zwangsweise, durchzuführende Sorge für den Schutz der Gesellschaft vor Gefahren und Störungen der öffentlichen Ordnung, die aus dem Bauen erwachsen können, anvertraut. Die Baupolizei erfüllt diese Aufgabe am besten dadurch, daß sie möglicherweise eintretenden Störungen, Gefährdungen und Unfällen vorbeugt, in dem sie innerhalb der gesetzlichen Schranken durch allgemeine Verordnungen (arrêtés généraux), „Bauordnungen“ oder einzelne Verfügungen[1]) (arrêtés individuels) vorschreibt, wie gebaut werden soll und wie nicht gebaut werden soll, Anzeige von beabsichtigten Bauausführungen und Einholung der Bauerlaubnis, Vorlage der nötigen Pläne, Lageplan, Grundrisse, Fassaden, Schnitte sowie der statischen und sonstigen Berechnungen verlangt, diese nach ihrer Übereinstimmung mit der Bauordnung und sonstigen öffentlichrechtlichen Vorschriften prüft, namentlich auch hinsichtlich der planmäßigen Einhaltung der vorgeschriebenen Fluchtlinie, nach ihrer technischen und konstruktiven

Vorbeugende Tätigkeit.

---

[1]) Die nur hülfsweise in Betracht kommen, wo die Bauordnung keine Bestimmung trifft, eine Regelung aber erst der Prüfung des Einzelfalls vorbehalten bleibt.

Richtigkeit, dann formell erklärt, daß keine öffentlich-rechtlichen Bedenken vorliegen, also die Bauerlaubnis[1]) erteilt, oder aber sie aus bestimmten Gründen versagt, indem sie weiter eine Überwachung der in Entstehung begriffenen Bauten dahin vornimmt, ob die Fluchtlinie (alignement) eingehalten ist, ob der Bau den genehmigten Zeichnungen und der Bauerlaubnis entsprechend, sowie nach den Regeln der Baukunst ausgeführt wird, und ob die nötigen Vorsichtsmaßregeln zugunsten des Publikums und der Bauarbeiter getroffen sind. Wo freies Ermessen Raum hat oder gar Dispense in Betracht kommen, da muß die Prüfung allgemeine höhere Gesichtspunkte, u. a. sozialer, gesundheitlicher, juristischer und wirtschaftlicher Natur, zugrunde legen.

Repressive Tätigkeit.

Weiter wirkt die Baupolizei aber auch repressiv, indem sie bei Übertretungen der hier in Betracht kommenden Vorschriften, der Gesetze und Verordnungen, Gefährdung oder gar Verletzung von Menschen die Täter zur gerichtlichen Bestrafung anzeigt, als Hilfsorgan der Staatsanwaltschaft für die Ermittelung des Tatbestandes sorgt und für die Beseitigung des ordnungswidrigen oder gar gefährlichen Zustandes, im Notfalle zwangsweise, durch Abbruch des baufälligen Gebäudes, durch Abstützung, durch Einstellung des Baues u. dgl. Sorge trägt.

[1]) Die Bauerlaubnis ist regelmäßig nur die formelle Erklärung, daß dem Bau nach Maßgabe des Prüfungsbereichs aus dem öffentlichen Recht keine Hindernisse entgegenstehen, vgl. Entscheidungen des preußischen Oberverwaltungsgerichts bei Kamptz, Bd. IV, S. 406 und Entscheidungen, Bd. XIX, S. 376, Bd. XX, S. 395, Bd. XXIV, S. 364, Bd. XXXII, S. 343.

Inhalt der Bau-ordnungen.

Die deutschen baupolizeilichen Verordnungen (Bauordnungen) enthalten regelmäßig außer den formellen Bestimmungen über Genehmigung und Überwachung der Bauten solche über Schutzmaßregeln bei ihrer Ausführung, ihr Verhältnis zur Straße, Einhaltung der Fluchtlinien nnd Höhenlage, weiter Bestimmungen über die Standfestigkeit, Feuersicherheit und Gesundheit. Die Bestimmungen über die Standfestigkeit sind in den wenigsten Bauordnungen nur ganz allgemein gehalten, indem sie erklären, es sei gemäß der Bauerlaubnis auf gutem Baugrund und nach den allgemein anerkannten Regeln der Baukunst mit gutem Baustoff zu bauen, unter Erinnerung an die im ganzen Reiche geltenden Gebote des Deutschen Strafgesetzbuches §§ 330, 367, Nr. 15. In den meisten Bauordnungen gehen die Vorschriften dagegen mehr ins einzelne, was sowohl die Prüfung der Baugesuche erleichtert, als dem Bauenden hinreichend Anhaltspunkte für die Aufstellung des Kostenanschlags und die Ausführung gibt,[1]) ohne daß notwendig die Möglichkeit, auch andere Ausführungen zuzulassen, abgeschnitten zu sein braucht. Es werden Zahlen mitgeteilt für die zulässige Belastung des Baugrunds und der einzelnen Bauteile, sowie für die Beanspruchung der Baustoffe; es wird angegeben, inwieweit der Bau in seinen einzelnen Teilen, den Wänden, der Dacheindeckung usw. massiv

[1]) Was freilich auch erleichtert, daß sich Leute an gewerbsmäßiges Entwerfen und Ausführen heranwagen, die vielleicht besser ihre Hand davonließen. Ein Lehrbuch der Baukunde soll die Bauordnung nicht darstellen.

Straßburg, Schiffleutstaden.

Zu „Emerich, Ortsbild“.

Verlag von Karl J. Trübner in Straßburg.

und feuersicher, aus Stein, Eisenbeton oder Eisen sein muß, inwieweit sie aus Eisenfachwerk, Holzfachwerk oder Holz hergestellt werden dürfen, wie stark die verschiedenen Mauern, Umfassungswände, belasteten und unbelasteten Scheidewände, Brandmauern usw. in verschiedenen Bauklassen sein müssen, ferner über die Feuerungsanlagen, Ofenrohre, Schornsteine, Gasleitungen usw., die Zugängigkeit der Bauten für die Feuerwehr, die Lagerung von feuergefährlichen Stoffen und Flüssigkeiten, die Errichtung von Versammlungsräumen, Fabrikanlagen u. dgl. Die Bestimmungen dürfen jedoch nicht über das Notwendige hinausgehen. Es ist auch die Größe der Bauten und der Verwendungszweck bei diesen Vorschriften zu berücksichtigen, namentlich was die Mauerstärken und die Baustoffe angeht; der im allgemeinen erwünschte Bau von kleinen Häusern darf durchaus nicht zu stark belastet werden, wie es in manchen Bauordnungen der Fall ist.

Gesundheitliche Vorschriften.

Gegenüber diesen mehr technischen Vorschriften treten jedoch in den neueren deutschen Bauordnungen die Bestimmungen in den Vordergrund, die vor allem dem Schutze der Gesundheit sowie sozialen Rücksichten dienen.

Dahin gehören u. a. Bestimmungen über die Entwässerung der Häuser, über die Aufnahme und Beseitigung der Abfallstoffe, die Bedürfnisanstalten, die Wasserversorgung, die ausreichende Austrocknung der Wohnungen, die Sicherung der Fußböden und Wände gegen Erdfeuchtigkeit, der Schutz gegen Ausdunstung von Ställen, gewisse Mindestforderungen für Räume, die zum dauernden Aufenthalt von Menschen bestimmt sind, Wohnungen, Werkstätten und Verkehrsräume und andere mehr, ihre Mindesthöhe und die Mindestgröße der zur Luftzufuhr und Belichtung dienenden Fenster, eine Beschränkung von Keller- und Dachwohnungen. Besonders wichtig sind aber die Bestimmungen über die Schaffung ausreichender Abstände der Mauern auf demselben Grundstück und von den Grenzen vor den notwendigen Fenstern sowohl an der Straße als am Hofe, und die daraus folgenden Bestimmungen über die Höhe der Gebäude und ihre gegenseitigen Abstände, die Freilassung genügender Hof- und Gartenflächen, die Beschränkung der Bebauungsdichtigkeit und der Wohndichtigkeit überhaupt, um zu starke Anhäufung von Menschen und die daraus entspringenden Gefahren, insbesondere für die Gesundheit, zu verhüten und genügenden Licht- und Luftzutritt in die ganze Stadt sowie in die einzelnen Wohnungen zu gewährleisten. Auch für die Niederhaltung der Bodenpreise und damit von Einfluß auf die Mieten usw., also in allgemein sozialer Beziehung sind derartige Bestimmungen von großem Wert. Endlich enthalten die bessern deutschen Bauordnungen eine Regelung der Anlagen, die eine gesundheitliche Schädigung oder besondere Belästigung durch starke Staub-, Rauch- und Rußentwickelung, durch übermäßigen Lärm und Erschütterungen mit sich bringen, und ihre Beschränkung auf gewisse Gegenden, anderseits möglichste Ermäßigung der Anforderungen bei Ansiedelung in bestimmten, sich besonders gut dazu eignenden Fabrikgebieten.

Die neuzeitliche vorzügliche Durchbildung all dieser

Bestimmungen in Deutschland ist eine Folge des Aufschwungs der Hygiene als Wissenschaft und die Erkenntnis, welch gesundheitlicher Wert der Beseitigung der Abfallstoffe und der Wasserversorgung zukommt, welch ungeheuren Einfluß aber auch reine Luft und Licht auf die Gesundheit üben, welche Gefahren jedoch ihr Ausschluß sowohl für die Bewohner gesundheitswidriger Häuser als für ganze Stadtteile und schließlich die ganze Stadt herbeiführen kann, welche Brutstätten und Herde der furchtbarsten Krankheiten, besonders der Tuberkulose und des Typhus die menschlichen Wohnungen werden können, denen Licht und Luft nicht in genügender Weise zugeführt wird, und wie sehr die Anhäufung von Menschen übereinander und nebeneinander die Verbreitung solcher Krankheiten begünstigt.

Für die Bekämpfung dieser Gefahren ist man zu mehr oder weniger feststehenden Grundsätzen gelangt, die in den Kreisen der hygienischen Wissenschaft, in den Berufsvereinen der Architekten und Ingenieure, auf Wohnungskongressen usw. aufgestellt worden sind.[1]) Dahin gehört der Grundsatz, daß für alle Wohnungen und andere zum dauernden Aufenthalt von Menschen dienenden Räume das Tageslicht unmittelbaren Zutritt

[1]) Zum Teil schon auf den Tagungen des Deutschen Vereins für Gesundheitspflege von 1875 u. 1893 nach Referaten des Frankfurter Oberbürgermeisters Adikes und Geh. Oberbaurats Dr. Baumeister in Karlsruhe. Vgl. auch die Abhandlungen des Geh. Oberbaurats Dr. Stübben (Berlin) im Handbuch für Hygiene 1896 Suppl. 4 S. 397 u. 1902 S. 25, sowie des Prof. Nußbaum (Hannover) 1896 S. 535.

haben, d. h. in einem Winkel von mindestens 45° einfallen muß, was nur erreicht werden kann, wenn die Häuser die Straßenbreite sowie die Hofbreite jedenfalls nicht überschreiten.[1]) Ferner sollen in Außenbezirken und kleineren Orten höchstens 3 Geschosse (2 Stockwerke) zugelassen und mindestens stellenweise flache offene Bauweise vorgeschrieben werden.

Staffel- oder Zonenbauordnungen.

Anderseits hat man in der Erkenntnis, daß diese Beschränkungen teilweise stark in die Eigentums- und wirtschaftlichen Verhältnisse einschneiden, sich gesagt, daß wegen der Verschiedenheit der einzelnen Stadtteile, der Lage und Bodenbeschaffenheit, der Bodenpreise, der fertigen, noch unfertigen und erst geplanten Straßen, der sozialen und wirtschaftlichen Verhältnisse der Bewohner diese Vorschriften über die Beschränkung der Bebauungs- und Wohndichtigkeit nicht für das ganze Gebiet gleich lauten können, daß eine Abstufung, eine Ermäßigung der nach den genannten Grundsätzen erforderlichen strengen Anforderungen notwendig ist, die mehr oder minder weitgeht, je nach den Verhältnissen des betreffenden Stadtteils, ja der betreffenden Straße, z. B. je nach dem es eine vorwiegend dem Wohnbedürfnis dienende sogenannte „Wohnstraße" oder eine durchgehende „Verkehrsstraße" ist.

Man hat darnach verschiedene Bauklassen und

---

[1]) z. B. im Königreich Sachsen im allgemeinen durchgeführt, an Straßen durchweg, am Hofe teilweise auch in der Straßburger neuen Bauordnung vom 8. April 1910. Der Straßburger Kreisgesundheitsrat hat sich auf Anfrage entschieden für diesen Grundsatz ausgesprochen.

Baugebiete[1]) geschaffen, sodaß in dem einen Stadtteil, der sich z. B. durch besonders hohe Bodenpreise auszeichnet und Geschäftsviertel ist, eine verhältnismäßig hohe und enge Bebauung weiter zugelassen werden muß, in anderen Stadtgebieten dagegen die Höhe der Häuser, teilweise in Anlehnung an die Straßenbreite mäßiger gehalten werden darf, desgleichen die Zahl der Wohngeschosse bis herab zu zwei Geschossen (Erdgeschoß und erstes Stockwerk). Ähnlich ist es mit den Bestimmungen über die unbebaut zu lassenden Freiflächen und die Wandabstände vor Fenstern. Weiter hat man, um das Eindringen der reinigenden frischen Luft in das Innere der Stadt zu erleichtern, in Stadtteile, die besonders dazu geeignet erschienen oder schon ohnehin einer derartigen Bebauung entgegengingen, die „offene Bauweise"[2]) vorgeschrieben d. h. bestimmt, daß die Häuser auch seitliche Abstände von einander einhalten müssen, also nicht in geschlossenen Reihen gebaut werden dürfen. Diese Bauweise eignet sich für besonders günstige Wohngebiete und Villen,[3]) nicht für Geschäftsstraßen, auch nicht für billige Arbeiterwohnungen, für welche die sogenannte „halboffene Bauweise"[4]) d. h. der stellenweise unterbrochene Reihenbau mehr zu empfehlen ist. Auch die Vorschrift, daß in

[1]) „Zonen"- oder besser gesagt „Staffelbauordnung", vgl. Straßburger Bauordnung §§ 23, 44—46, 49.

[2]) Straßburger Bauordnung § 49.

[3]) Für große Häuser ist sie im allgemeinen auch nicht recht geeignet, vgl. des Verfassers Begründung zur Straßburger Bauordnung, S. 14.

[4]) Straßburger Bauordnung § 49 II.

geeigneten Baublöcken zur Erzielung von großen luftigen Freiflächen im Innern eine hintere Baugrenze einzuhalten ist, dient gesundheitlichen Zwecken.[1]) Auch die Aufteilung besonders großer Baublöcke wird dadurch begünstigt, es können außen mehrstöckige Mietshäuser, innen Ein- und Zweifamilienhäuser mit Parkanlagen zugelassen werden.[2])

Die Baupolizei ist dadurch in den deutschen Städten zu einem der wichtigsten Faktoren geworden, die die bauliche Anlage der Städte bestimmt haben, und hat sie namentlich in neuester Zeit in gesundheitlicher und sozialer Beziehung durchgängig vorteilhaft beeinflußt, während auf künstlerisch-ästhetischem Gebiet wegen der Kürze der Zeit, seit der einschlägige Bestimmungen bestehen, noch kein abschließendes Urteil abgegeben werden kann.

Juristische Rechtfertigung.

Die juristische Rechtfertigung dieser Gesetze wird besonders darauf gestützt, daß wohl überall der Polizei der Schutz der öffentlichen Gesundheit obliegt und diese derartige Vorschriften erfordert.[3])

---

[1]) Straßburger Bauordnung, § 46, Ziff. 5. Vgl. auch die Beschränkung von Hinterhäusern und Flügeln in § 46, Ziffer 4 u. 8, § 44 B.

[2]) Auf der diesjährigen Berliner Städtebauausstellung waren interessante Entwürfe dafür ausgestellt, aus denen zugleich hervorging, daß eine gesundheitlichen Anforderungen genügende Aufteilung wirtschaftlich ebenso vorteilhaft erfolgen kann, wie eine gesundheitlich ungenügende.

[3]) Vgl. Emerich, Baupolizeil. Eigentumsbeschränkungen in Elsaß-Lothringen a. a. O. S. 427 u. 449; von Entscheidungen besonders die des preußischen Oberverwaltungsgerichts Bd. XXXIV, Nr. 66 vom 7. März 1898.

Die Einwendung Biermanns,[1]) daß eine Bauart, die an einer Stelle gesundheitlich unbedenklich ist, es durchweg auch an anderer Stelle sein wird, ist insofern schon nicht richtig, als z. B. in rauchigen Fabrikgebieten für Belichtung und Lüftung (Hofgröße und Wandabstände) strengere Vorschriften bestehen müssen, als in anderen sonst gleichstehenden Gebieten; auch kann an freier Bergeshalde eine Bauweise gesundheitlich einwandfrei sein, die in feuchtem sumpfigen Gelände durchaus zu verwerfen ist. Selbst wenn aber die Behauptung Biermanns zuträfe, vermöchte sie die Ansicht, daß die fraglichen Verordnungen rechtlich zulässig sind, nicht zu erschüttern, wenn man, wie oben, davon ausgeht, daß die Gesundheitspflege gewisse Mindestforderungen aufstellt, die aber wegen der nun einmal vorhandenen unhygienischen Bauweise und der hohen Bodenpreise in gewissen Teilen der Stadt aus wirtschaftlichen und andern Gründen nicht durchgeführt werden dürfen, woraus sich die Staffelung der Anforderungen von selbst ergibt. Hierzu kommt, daß bei der Prüfung der hygienischen Bedenklichkeit von Bauten keineswegs nur das jeweils in Frage stehende Haus in Betracht kommt, sondern die Wirkung für die ganze Stadt.[2]) Für die Abwehr der gesundheitlichen Gefahren, die aus zu enger und hoher Bebauung und zu starker Menschenanhäufung für eine Stadt entstehen können, ist es eben notwendig, daß mindestens überall

[1]) Biermann, Privatrecht und Polizei in Preußen 1897.

[2]) Vgl. besonders Entscheidungen des preußischen Oberverwaltungsgerichts, Bd. XXXIV, Nr. 66 vom 7. März 1898.

da, wo es die wirtschaftlichen und sozialen Verhältnisse einigermaßen gestatten, eine flache und weiträumige Bebauung und eine Fernhaltung der schädlichen Betriebe vorgeschrieben wird. Man hat daher zur Rechtfertigung von Staffelbauordnungen gar nicht nötig, wie es Ackermann[1]) tut, auf eine angebliche Funktion der Polizei zurückzugehen, überall für Ordnung zu sorgen, oder gar der Polizei die Aufgabe allgemeiner Wohlfahrtspflege zuzuweisen.

Individuelle Behandlung.

Natürlich müssen bei der Ausarbeitung einer Bauordnung die Verhältnisse jedes einzelnen Ortes genau geprüft und die Vorschriften ihnen angepaßt werden. Es läßt sich keinesfalls schematisch die Bauordnung einer Stadt auf die andere übertragen, am wenigsten die Bauordnung einer Großstadt ohne weiteres auf eine Mittel- oder Kleinstadt oder gar auf ein Dorf.

Bauordnungen für kleinere Gemeinden.

In einem solchen und einer nicht stark ausgedehnten Kleinstadt wird schon wegen der Gleichartigkeit der Verhältnisse und der geringen Flächengröße der Ortschaft in der Regel eine Staffelung der Anforderungen nur in beschränktem Maße einzutreten brauchen; eine eigentliche durchgebildete „Staffel“- oder „Zonenbauordnung“ daher nicht erforderlich und auch nicht zweckmäßig sein. Es brauchen auch dort regelmäßig keine so eingehenden Vorschriften zum Schutze der Gesundheit gegeben zu werden. Im allgemeinen wird es genügen, vorzuschreiben, daß für Entwässerung der Grundstücke,

[1]) Ackermann, Der Baukonsens und die polizeilichen Beschränkungen der Baufreiheit nach preußischem Recht, Berlin 1910, S. 40.

die Abführung des Abwassers in Kanäle und, wo solche nicht vorhanden sind, in geeignete Straßenrinnen oder in wasserdichte Gruben, die auch für die Aufnahme der Abfallstoffe und des Dungs bestimmt sind, gesorgt wird, daß die Dungstätten eine beträchtliche Entfernung vom Brunnen einhalten müssen,[1]) ferner für die Wasserversorgung der Grundstücke, weiter, daß möglichst die sogenannten Schlupfe, Traufgäßchen und Winkel, in denen sich leicht allerlei Unrat ansammelt, vermieden werden, endlich daß Wohnhäuser eine bestimmte Geschoßzahl (2—3 Geschosse im ganzen) in der Regel nicht übersteigen sollen, daß die Wohnungen trocken sein und genügend Licht und Luftzufuhr haben müssen. Über die Standfestigkeit werden im allgemeinen bei der Einfachheit der in Betracht kommenden Bauten kaum besondere Regeln aufzustellen sein, über die Feuersicherheit insofern, als die Errichtung vollständiger Holzhäuser und großer Lagerschuppen in der Regel von gewissen Bedingungen, insbesondere von Einhaltung gewisser Entfernungen, abhängig gemacht werden muß. Auch die Schwierigkeit der Nachprüfung, die sich aus dem Mangel geeigneter Kräfte in kleinen Orten ergibt, nötigt schon zum Maßhalten bei solchen Verordnungen, soweit solche überhaupt nötig sind und nicht schon der größte Teil der erforderlichen baupolizeilichen Vorschriften, wie in mehreren deutschen Bundesstaaten, z. B. in Sachsen, Baden, Bayern, Württemberg und einzelnen Provinzen Preußens durch voll-

[1]) Schon in Bezirkspolizeiverordnungen vorgeschrieben 10 Meter.

ständige Landes- oder Provinzialbauordnungen schon gegeben ist.

Zurückbleiben der Baupolizei in Elsaß-Lothringen.

In Elsaß-Lothringen ist dies nicht der Fall; hier ist die Baupolizei überhaupt in ihrer Entwickelung und Ausgestaltung hinter den deutschen Bundesstaaten, namentlich was den Schutz der Gesundheit anlangt, von Straßburg in neuester Zeit abgesehen, stark zurückgeblieben.

Gründe dafür.

Die Ursache dafür ist außer dem schon oben erwähnten hohen Begriff der persönlichen Freiheit und der Hochhaltung des Privateigentums in Elsaß-Lothringen die nicht ausdrücklich für die Baupolizei geordnete, nicht ganz einwandfreie gesetzliche Grundlage.

Gesetzliche Bestimmungen.

Es gelten hier natürlich die reichsrechtlichen Bestimmungen, die §§ 330 und 367 Ziffer 12—15, 368, 369 des Reichsstrafgesetzbuchs und die §§ 16—27 der Reichsgewerbeordnung, ferner die Vorschriften des Reichsrayonsgesetzes vom 21. Dezember 1871. Im übrigen, soweit öffentliches Reichsrecht nicht in Frage kommt, bestimmt das öffentliche Landesrecht, das nach Artikel III des Einführungsgesetzes zum Bürgerlichen Gesetzbuch unberührt[1]) geblieben ist, inwieweit Vorschriften „im öffentlichen Interesse das Eigentum in Ansehung tatsächlicher Verfügungen beschränken" können. Landesgesetzliche, allgemein geltende eigentliche baupolizeiliche Vorschriften gibt es aber in Elsaß-Lothringen überhaupt kaum. Sonderbestimmungen sind die Beschränkungen von Bauten in der Nähe von Kirchhöfen,

[1]) Und zwar auch die allgemeinen und lokalen Verordnungen. Jede Rechtsnorm gehört dazu, vgl. Fischer-Henle zu Artikel 111 des Einführungsgesetzes.

Eisenbahnen und Waldungen.[1]) Nur ein der Baupolizei mit der Verkehrspolizei gemeinschaftliches Gebiet, nicht die Baupolizei im ganzen und nicht das baupolizeiliche Verordnungsrecht, betrifft die im französischen Recht freilich sehr gründlich und ausgiebig entwickelte Lehre von der „voirie" (Straßenwesen) und dem „alignement" (Baufluсht). Sie bezieht sich ausschließlich auf das Verhältnis der Bauten zur öffentlichen Straße und dient vor allem dem Verkehr durch Freihaltung der Straßen von Bauten und allmähliche Verbreiterung der Straßen. In der praktischen Handhabung hat sie, besonders in der ersten Hälfte des vorigen Jahrhunderts, in künstlerisch-ästhetischer Beziehung nicht wenig Unheil angerichtet, indem dem Fluchtlinienzwang eine Menge von künstlerisch und kunstgeschichtlich wertvollen Bauten, vielfach unnötig, zum Opfer gebracht wurde. Und doch ist die Verbreiterung der Straßen in den alten Stadtteilen mittels des Alignements, das vielfach ungerecht empfunden wird, kaum möglich, besonders wenn man, wie z. B. in Straßburg in der genannten Zeit, geradlinig rücksichtslos auf beiden Seiten anschneidend durch die Altstadt die Fluchtlinien mit dem Lineal gezogen hat.[2]) Anders steht es mit der unten

Voirie und Alignement.

[1]) Vgl. Förtsch-Caspar, elf.-lothr. Baurecht 1878, S. 128 und 84, Forststrafgesetz vom 28. April 1880, Art. 51 ff.

[2]) Die geraden Straßen wurden teils aus Verkehrsfanatismus, teils, weil man sie bei Aufständen besser mit Geschützen bestreichen kann, begünstigt. Auch zur „Verschönerung" der Stadt aber glaubte man der Geradelegung der Straßen zu bedürfen, und zwar hegten schon zu der Zeit, als Goethe in Straßburg studierte, einige

zu erwähnenden Ausdehnung der Alignementverpflichtung auf erst geplante Straßen durch Sondergesetze.

Auf der Grundlage des Edikts von 1765 und des Gesetzes vom 16. September 1807 sowie zahlreicher alter Verordnungen entstanden, bedeutet die Alignementverpflichtung zunächst nur die Verpflichtung, die bestehende Straßengrenze und, wo ein Bauf luchtenplan besteht, die im Plan festgesetzte zukünftige Grenze der schon bestehenden Straße sich als Bauflucht anweisen zu lassen, und diese Grenze beim Bauen einzuhalten, auch überragende Bauten nicht zu verstärken oder auszubessern. Die Anweisung der Bauflucht, um die der Baulustige nachzusuchen hatte, fiel schließlich zusammen mit der Bauerlaubnis. Es besteht nun die gesetzliche Verpflichtung, vor dem Baubeginn an öffentlichen Straßen um die Bauerlaubnis einzukommen, und zwar für Bauten an Staats-, Bezirks-, Vizinalstraßen, Vizinalwegen, in Lothringen an Kreisstraßen, den öffentlichen Straßen der Gemeinden, in öffentlichem Eigentum stehenden Plätzen, Eisenbahnlinien sowie den Zufahrtskanälen.[1]) Die Bauerlaubnis braucht nur für die Bauten hinter der im Plane festgelegten Fluchtlinie oder, wo keine solche bestimmt ist, hinter der Straßengrenze erteilt zu werden. Der Alignementverpflichtung als

---

Köpfe diese Meinung. Vgl. Goethe, Aus meinem Leben, Dichtung und Wahrheit, II. Teil, 9. Buch. „Intendant Gayot hatte sich vorgenommen, die winkligen und ungleichen Gassen Straßburgs umzuschaffen und eine wohl nach der Schnur geregelte ansehnliche schöne Stadt zu gründen.“

[1]) Vgl. Förtsch-Caspar, S. 16 und 17.

solcher sind nicht unterworfen Grundstücke, die nicht an der schon bestehenden öffentlichen Straße liegen, sondern an Privatwegen, die nicht dem öffentlichen Verkehr dienen, oder an bloßen Feldwegen, oder erst an einer projektierten in den Plan aufgenommenen Straße, auch nicht Grundstücke, auf denen die Bauten nicht unmittelbar an der Straße errichtet werden; vor solchen ist aber eine Einfriedigungsmauer in der Fluchtlinie zu errichten. Straßen- und Bauflucht fallen zusammen, anders als z. B. in dem preußischen Fluchtliniengesetz vom 2. Juli 1875.

Sondergesetze für Straßburg und andere Städte.

Eine Ausdehnung der gesetzlichen Alignementverpflichtung auf die Höhenlage (nivellement) brachte das Dekret betreffend die Straßen von Paris vom 6. März 1852, das in Straßburg, Metz und Mülhausen eingeführt ist. Um das „wilde Bauen" zu verhüten und die Gemeinden vor schweren finanziellen Lasten zu bewahren, ist die Alignementverpflichtung durch die Gesetze vom 21. Mai 1879 „betr. Beschränkung der Baufreiheit in den neuen Stadtteilen von Straßburg" und 6. Januar 1892 „betr. Beschränkung der Baufreiheit in den Vororten von Straßburg", die teilweise dem genannten preußischen Fluchtliniengesetz vom 2. Juli 1875 nachgebildet sind, weiter ausgedehnt worden auf erst entworfene in den Baufluchtenplan aufgenommene zukünftige Straßen, sodaß auf dem im Bebauungsplan einbezogenen Gelände Bauten nur unter Beobachtung der Fluchtlinie errichtet werden können. Nach dem an zweiter Stelle genannten Gesetz kann außerdem die Erbauung von Wohngebäuden an unfertigen Straßen im Gebiet des Bebauungsplanes durch Beschluß des Gemeinderats verboten werden, wovon aber Ausnahmen von diesem genehmigt werden können. Es wird von dieser Bestimmung in Straßburg ausgiebig Gebrauch gemacht; Ausnahmen werden fast nur für kleine Häuser bewilligt. Diese Gesetze, die auch eine Verpflichtung der Bauenden zur Zahlung von Straßengebühren [1]) (Straßenerwerbs- und Baukosten) mit sich gebracht haben und für jede Stadt, die eine starke Entwicklung aufweist oder erwartet und planmäßig die Bebauung ordnen will, von großem Werte sind, wurden auf viele elsaß-lothringische Gemeinden auf Antrag des Gemeinderats ausgedehnt, u. a. auf Mülhausen, Colmar, Saargemünd, Metz, Diedenhofen, Montigny, Sablon, Plantières-Queuleu, Schiltigheim, Saarburg, Hüningen, St. Ludwig, Schirmeck, Riedisheim, Dornach, Erstein, Oberehnheim, Longeville, Devant-les-Ponts, Markirch, dagegen z. B. nicht auf Hagenau, Bischweiler, Molsheim, Schlettstadt, Thann.

Eine allgemeine Regelung der Beschränkungen der Baufreiheit durch baupolizeiliche Vorschriften sollte durch die Gesetze über die Alignementverpflichtung nicht gegeben werden; sie berührt ja fast ausschließlich das Verkehrsinteresse. Die grundlegende Ermächtigung zu baupolizeilichen wie überhaupt zu ortspolizeilichen

---

[1]) Diese sind schon zahlbar, wenn auch nur ein Anbau an der fertigen Straße errichtet wird. Entscheidungen des Bezirksrats vom 3. März 1909 und des Kaiserlichen Rats vom 12. Juli 1909; ferner des Bezirksrats vom 6. Mai 1909 und des Kaiserlichen Rats vom 22. Januar 1910.

Verordnungen der Bürgermeister gibt das französische Gesetz vom 16. August 1790 Art. 3 und 5, das die der ortspolizeilichen Fürsorge anvertrauten Gegenstände bezeichnet, und das Gesetz vom 19.—22. Juli 1791 Titel 1 Art. 46, wonach die Bürgermeister über jene Gegenstände arrêtés, Beschlüsse, Verordnungen, erlassen können, sowie der § 16 der Gemeindeordnung vom 6. Juni 1895. Das Überwachungsrecht erstreckt sich hiernach auf: Verordnungsrecht der Bürgermeister.

1. «Tout ce qui intéresse la sûreté et la commodité du passage dans les rues, quais, places et voies publiques, la démolisation ou la réparation des édifices menaçant ruine.»

5. «Le soin de prévenir par les précautions convenables les accidents et les fléaux calamiteux, tels que les incendies, les épidémies.»

(1. „Alles, was sich auf die Sicherheit und die Bequemlichkeit des Verkehrs in den Straßen, auf den Staden, den öffentlichen Plätzen und Wegen bezieht; alles, was die Reinigung, Beleuchtung, Wegräumung von Schutt, den Abbruch oder die Ausbesserung der den Einsturz drohenden Gebäude in sich begreift."

5. „Die Aufgabe, durch geeignete Vorbeugungsmaßregeln Unglücksfällen und Notständen zuvorzukommen und sie durch Verteilung der notwendigen Hilfe abzustellen, wie Brände, ansteckende Krankheiten, Viehseuchen, in den beiden letzten Fällen außerdem unter Anrufung der Verwaltungsbehörden des Bezirks und des Kreises.")

Auch hier in Artikel 1 ist die Verkehrssicherheit,

ja die Verkehrsbequemlichkeit („commodité"), und die Alignementverpflichtung in den Vordergrund gestellt. Soweit diese nicht in Betracht kommen, können sich die Baupolizeiverordnungen der Bürgermeister auf die allgemeinen Ausdrücke des Art. 5 stützen. Es kann nun trotz der schwankenden Rechtsprechung des französischen Kassationshofes, der nur immer den einzelnen Fall für sich behandelt und grundsätzliche Entscheidungen auf diesem Gebiete geradezu vermeidet, keinem begründeten Zweifel unterliegen, daß die in diesem Artikel angeführten anschaulichen Beispiele dasselbe bedeuten sollen, wie „Gefahren, die der Sicherheit und Gesundheit des Publikums drohen", d. h. dasselbe wie auch in vielen andern Staaten z. B. auch in Preußen, wo die Bauordnungen der Städte auf § 10 des allgemeinen preußischen Landrechts und das Polizeigesetz vom 10. März 1850 sich gründen, die u. a. von „Sorge für Leben und Gesundheit" sprechen.[1])

Keine Erweiterung, sondern nur eine genauere Festlegung ist erfolgt in dem genannten Dekret von 1852 und den erwähnten Gesetzen von 1879 und 1892, „wonach die Bauenden sich allen Vorschriften zu unterwerfen haben", die „im Interesse von Sicherheit und Gesundheit", oder, wie es in dem Gesetz von 1879 heißt, „im Gesundheits- und Entwässerungsinteresse" auferlegt werden.

Im Interesse von Sicherheit und Gesundheit.

Es ist nun in allmählicher Entwickelung der Baupolizei in Elsaß-Lothringen anerkannt, daß die Bau-

---

[1]) Vgl. Emerich, Baupolizeiliche Eigentumsbeschränkungen a. a. O., S. 442.

ordnung das im Interesse der Sicherheit und Gesundheit Erforderliche vorschreiben kann, auch „überhaupt, um der öffentlichen Gesundheit Geltung zu verschaffen",[1]) die allgemeine Bedingung vorheriger Einholung der Bauerlaubnis stellen kann und zwar auch für Bauten, die nicht unmittelbar an der Straße aufgeführt werden sollen[2]) und in bezug auf das Innere der Häuser. Die Baufreiheit, die aus dem Eigentum an sich und der Freiheit der Person ohne weiteres entspringt, darf aber keinesfalls mehr als notwendig beschränkt werden; was aber notwendig[3]) ist nach allgemeinen Grundsätzen der deutschen Wissenschaft und der Berufskreise, haben wir oben gesehen. Auch eine Staffelbauordnung oder Zonenbauordnung kann hier- Staffelbauordnung.

[1]) Urteil des Oberlandesgerichts Colmar vom 31. Oktober 1905, Juristische Zeitschrift für Elsaß-Lothringen, Bd. XXXII, S. 443, Kaiserl. Rat, Entscheidungen Nr. 434, 352, 472. Das neue Gesetz bestätigt dies, indem es in § 1 sagt: „neben den im Interesse der Sicherheit und Gesundheit erforderlichen baupolizeilichen Vorschriften". Die Fassung dieses § 1 ist übrigens derart, daß man beim ersten Lesen meinen könnte, es solle in Zukunft auch zum Erlaß solcher Vorschriften eine Ermächtigung durch Ortsstatut nötig sein. Das ist aber keineswegs beabsichtigt gewesen; die Worte wurden nur aufgenommen, um festzulegen, daß das neue Gesetz die sonstige Verordnungsgewalt der Bürgermeister in baupolizeilichen Angelegenheiten nicht antasten, vielmehr bestätigen wollte. Die Straßburger Entwürfe hatten einen besonderen Paragraphen dafür vorgesehen. Vgl. im Anhang den letzten Paragraphen des Straßburger Gesetzentwurfs.

[2]) Vgl. Entscheidung des Kaiserlichen Rats vom 5. März 1910, Entscheidung Nr. 555.

[3]) Unten S. 69.

nach erlassen werden.[1]) Freilich ist dies erst geschehen, wenn auch noch wenig entwickelt, in den Vororten von Metz und besonders in Straßburg durch die neue Bauordnung vom 8. April 1910, die sich bis jetzt ohne

[1]) Ausdrückliche Entscheidungen darüber sind in Elsaß-Lothringen noch nicht ergangen. Das Urteil des Kaiserlichen Rats vom 5. März 1910 erkennt an, daß eine je nach den örtlichen Verhättnissen verschiedene Regelung der Höhe, eventuell auch der Geschoßzahl zulässig ist, und daß bei der Frage, ob ein gesundheitliches oder sonstiges polizeiliches Interesse derartige Beschränkungen rechtfertigt, keineswegs nur das einzelne Haus, sondern die Wirkung für ganze Stadtteile, ja die ganze Stadt ins Auge zu fassen ist. Dem Kaiserlichen Rat ist auch darin zuzustimmen, daß eine lediglich im Interesse einer gleichartigen Bebauung, also aus ästhetischen Gründen erfolgte Regelung der Baubeschränkungen nach den bisherigen gesetzlichen Bestimmungen unzulässig war. Die Entscheidung ist aber insofern zweifellos unhaltbar, als sie zwar die Beschränkung der Höhe der Gebäude, nicht aber bei gleichbleibender Höhe die Beschränkung der Zahl der Wohngeschosse durch ein gesundheitliches Interesse gerechtfertigt bezeichnet; die allgemeinen gerade bei allen Sachverständigen in Deutschland, u. a. auch des Straßburger Kreisgesundheitsrats herrschenden Grundsätze, daß die Beschränkung nicht nur der Bebauungs-, sondern auch der Wohndichtigkeit in gesundheitlichem Interesse notwendig ist, widerlegen diese Ansicht. Schon eine grundlegende ausführliche Entscheidung des preußischen Oberverwaltungsgerichts vom 7. März 1898 (Entscheidungen des K. Pr. O. V. G., Bd. XXXIV, Nr. 66) entscheidet diese Streitfrage, die eigentlich mehr eine Sachverständigenfrage ist, im entgegengesetzten Sinne wie der Kaiserliche Rat. Es ist anzunehmen, daß die Entscheidung in anderen etwa vor den Kaiserlichen Rat gelangenden Fällen anders ausfallen wird, als in dem so unvorteilhaft und ungünstig wie möglich gelagerten Mülhauser Falle, wo die Stadt-

Schwierigkeiten eingeführt hat. Im übrigen gibt es in Elsaß-Lothringen überhaupt nur wenige örtliche Bauordnungen, und die bestehenden sind mit wenigen Ausnahmen veraltet oder stehen vielfach im Widerspruch mit den entwickelten deutschen Grundsätzen des Städtebaus.

Was hiernach Feuersicherheit, Standfestigkeit und Gesundheit angeht, so sind in Elsaß-Lothringen die gesetzlichen Grundlagen für den Erlaß von Verordnungen im wesentlichen ausreichend,[1]) es fehlt aber fast vollständig an einer Ermächtigung, auf künstlerisch-ästhetische Rücksichten eine Verordnung oder überhaupt ein Eingreifen zu stützen. Nur das erwähnte Dekret von 1852, das lediglich in Straßburg und einigen andern elsaß-lothringischen Städten gilt, bestimmt in Art. 4, daß die Vorderseiten der Häuser rein gehalten und mindestens alle 10 Jahre aufgefrischt werden müssen. Diese Bestimmung ermöglicht es zwar, Verwahrlosung der Fassaden zu verhüten oder aufzuheben, sie gibt aber keine Gewähr dafür, daß der Anstrich derart ausgeführt werden wird, daß er zu dem Gepräge des Hauses und seiner Umgebung paßt, daß z. B. bei architektonisch ausge-

Keine Verordnungsgewalt in ästhetischer Beziehung.

verwaltung selbst für die Ungültigkeit der von ihr erlassenen Verordnung eingetreten ist. Eine Beschränkung der Geschosse (nicht lediglich der Wohngeschosse!) an sich kann jetzt übrigens auf Grund des neuen Gesetzes vorgeschrieben werden, insofern die Geschoßzahl von Bedeutung für das Aussehen des Gebäudes ist.

[1]) Auch die Ansicht der Regierung. Vgl. Verhandlungen des Landesausschusses, XXXVI. Session, 21. Sitzung am 12. Mai 1909, stenogr. Berichte S. 423.

bildeten Fachwerkshäusern das Fachwerk oder bei Hausteinfassaden die Hausteine nicht rücksichtslos und ohne besonderen Grund überstrichen werden, oder daß nicht absichtlich ein giftiger möglichst aus der Umgebung herausplatzender Farbton[1]) gewählt wird. In Straßburg ist deshalb in der neuen Bauordnung eine Anzeige vor dem Anstrich vorgeschrieben, ferner ist in den jährlich ergehenden Aufforderungen zur Auffrischung für die künstlerisch oder kunstgeschichtlich wertvollen Gebäude ein besonderer Zusatz gemacht, wodurch dem Eigentümer der Wert seines Hauses vor Augen geführt wird und ihm geraten wird, bei bestimmten Sachverständigen, die sich freiwillig dazu bereit erklärt haben, u. a. bei dem Konservator der geschichtlichen Denkmäler, unentgeltlich guten Rat einzuholen, bevor er an die Ausführung herangeht. Es sind damit schon schöne Erfolge erzielt worden, aber es gibt auch manche Fälle, wo die gütliche Einwirkung keinerlei Eindruck auf die Beteiligten gemacht hat. —

Abgrenzung von sonstiger Polizei.

All die vorstehenden Ausführungen werden auch dem, der nie eine Bauordnung gesehen und nie etwas von Baupolizei gehört hat, deren Wichtigkeit vor Augen geführt sowie den Begriff „Baupolizei und baupolizeiliche Vorschriften“ erläutert haben. Wie schon aus dem obigen entnommen werden kann, ist die Baupolizei kein abgegrenzter Zweig der Polizei; sie ist vor allem vorbeugende „Verwaltungspolizei“ im Sinne

[1]) Siehe das Goethehaus am Alten Fischmarkt in Straßburg, das der Besitzer trotz allen Zuredens von oben bis unten zu Reklamezwecken hochgelb angestrichen hat.

des Art. 19 des Gesetzes vom 3. Frimaire IV. und zwar auf einem bestimmten Gebiete der Verwaltung, dem Bauwesen, sie ist aber auch, wenn auch nur in zweiter Linie, „gerichtliche Polizei" im Sinne des Art. 20 des genannten Gesetzes. Sie verfolgt auch Zwecke der „Sicherheitspolizei", der „Gesundheitspolizei" und der „Feuerpolizei" insofern, als ihr der Schutz des Publikums gegen die aus dem Bauen entstehenden Gefahren obliegt. Das preußische Oberverwaltungsgericht, der höchste preußische Verwaltungsgerichtshof, führt darüber aus:[1]) „baupolizeilichen Verfügungen liegt häufig ein sicherheits- oder gesundheitspolizeiliches Motiv zugrunde, wie denn auch die meisten Vorschriften der Bauordnung auf sanitäre oder sicherheitspolizeiliche Rücksichten zurückzuführen sind", und: „die gesamten sachlichen Bestimmungen jeder Baupolizeiverordnung haben die Sicherung von Leben und Gesundheit gegen Gefahren, die aus dem Zustande von Gebäuden erwachsen können, darunter auch die Sicherung gegen Feuergefahr zum Gegenstande. Wo also die Baupolizei der Sicherheitspolizei und Gesundheitspolizei gegenüber gestellt wird, gehören Verfügungen der hier fraglichen Art zur Baupolizei".

Nicht Aufgabe jedoch der Baupolizei ist die allgemeine Wohlfahrtspflege, wie sie der Polizeistaat des 18. Jahrhunderts verstand. Die Baupolizei darf in ihren

[1]) Entscheidung des preußischen Oberverwaltungsgerichts vom 7. Oktober 1904, bei Kunze und Kamptz, die Rechtsgrundsätze des Oberverwaltungsgerichts, Ergänzungsband 1905/06, S. 176.

Verordnungen und einzelnen Verfügungen nicht weiter gehen, als das öffentliche Interesse und seine Zwecke es notwendig machen. Wie weit dies aber der Fall ist, darüber haben vor allem die Sachverständigen des Bauwesens und die Hygieniker zu befinden. Naturgemäß sind die Anschauungen über das, was notwendig ist zur Bekämpfung der Feuersgefahr, der Sicherheit gegen Einstürze und anderer Bauunfälle, zum Abwehren von plötzlich oder langsam wirkenden gesundheitlichen Gefahren für das Publikum, zur Aufrechterhaltung der öffentlichen Ordnung im Verhältnis der Bauten zur Straße usw. mit der Zeit fortgeschritten. Z. B. hat man erst in neuerer Zeit die geringe Widerstandsfähigkeit des freien ungeschützten Eisens gegen Feuersglut, die längere Widerstandskraft des Hartholzes erkannt. Man ist weiter zu Konstruktionen von ungeahnter Tragkraft (z. B. Eisenbeton) gelangt. Am meisten Fortschritte hat aber die Hygiene des Städtebaues gemacht. Sie hat zu den oben kurz geschilderten Grundsätzen geführt. Hinter die darauf gegründeten gesundheitlichen Vorschriften der neueren fortgeschrittenen Bauordnungen, auch der von Straßburg, treten die rein technischen konstruktiven Vorschriften, die in den älteren Bauordnungen fast ausschließlich ausgebildet sind, an Ausdehnung und Wichtigkeit geradezu zurück.

Mit der Wege- und der Verkehrspolizei hat die Baupolizei gleichfalls manches Grenzgebiet gemeinschaftlich. Sie kann zweifellos die Bauerlaubnis versagen für einen Bau, der etwa in die Straße ragen oder gar auf ihrem Gebiet errichtet würde, während für die Sicherung des Verkehrs z. B. gegenüber Ansammlungen von Menschen, Tieren oder Fuhrwerken und die Ordnung auf der Straße nicht die Baupolizei zuständig ist, sondern die Verkehrspolizei. Keine baupolizeilichen Vorschriften, mögen sie auch nach dem bisherigen Recht die Sicherheit des Verkehrs und der öffentlichen Ordnung auf der Straße bezwecken und zugleich oder sogar ausschließlich dem Schutze des Ortsbildes dienen, wären z. B. Verordnungen, die verbieten oder regeln wollten, Wagen und Karren auf der Straße stehen, Vieh unbeaufsichtigt auf die Straße zu lassen, den Verkehr störende Umzüge und Versammlungen abzuhalten, Abfälle dorthin zu werfen, häßliche Reklamebilder und Plakate durch die Straßen zu tragen oder zu fahren, ferner gewisse Bekanntmachungen und Plakate anzuschlagen und auszustellen, gewisse Bäume im Walde oder Felde zu fällen, einen Steinbruch zu eröffnen oder weiterzuführen, die Felder und Weinberge zu bepflanzen, usw.

„Baupolizeiliche Vorschriften",

Als „baupolizeiliche Vorschriften" können hiernach betrachtet werden polizeiliche Vorschriften, die das Bauen im öffentlichen Interesse zum Schutze der Gesellschaft und der öffentlichen Ordnung beschränken.

im öffentlichen Interesse.

Wesentlich ist das öffentliche Interesse; ein lediglich privates Interesse würde eine baupolizeiliche Vorschrift nicht rechtfertigen. Zum Schutze eines privaten Interesses eines Nachbars, z. B. zur Aufrechterhaltung und Durchführung einer Dienstbarkeit, die ihm lediglich zu seinem Vorteile zusteht, eines Aussichtsrechts, Lichtrechts, eines

Rechts auf Baubeschränkung zugunsten des Nachbars usw. ist die Baupolizei nicht da, und mit ihren Mitteln, baupolizeilichem Zwang und Strafanzeige kann und darf ein solches privates Recht nicht verteidigt werden, wenn nicht zugleich ein öffentliches Interesse vorliegt. Die Baubeschränkungen des Nachbarrechts, wie sie besonders durch die §§ 906 u. 907 des Bürgerlichen Gesetzbuches und die §§ 64—72 des Ausführungsgesetzes zum Bürgerlichen Gesetzbuche geregelt sind, bestehen im privaten Interesse und können nur von dem Berechtigten durch Anrufung der ordentlichen Gerichte, im Notwehrfalle auch durch Selbsthülfe verteidigt werden. Sie müssen streng auseinander gehalten werden von den Beschränkungen des öffentlichen Rechts[1]) und zwar auch dann, wenn etwa der Inhaber des Privatrechts eine juristische Person ist, der Staat, der Bezirk oder die Gemeinde.[2])

Wesentlich für den Begriff „baupolizeiliche Vorschrift" ist aber auch der Begriff des „Bauens".

„Bauwerk", Bauliche „Anlage".

Dieser Begriff, sowie der des „Bauwerks", der „baulichen Anlage" usw. kehrt in vielen Gesetzen wieder, braucht aber keineswegs immer dasselbe zu

[1]) Als öffentliches Recht gehen solche Bestimmungen den privatrechtlichen Vorschriften des Nachbarrechts vor. Wird also z. B. ein Grenzabstand der Häuser von 4 Meter aus feuerpolizeilichen oder gesundheitlichen Gründen baupolizeilich vorgeschrieben, so kann weder eine privatrechtliche Bestimmung des Nachbarrechts, daß unmittelbar angebaut werden kann, noch ein vertragsmäßiges Recht des Nachbars die Wirksamkeit der baupolizeilichen Vorschrift aufheben.

[2]) Dalloz supplément au répertoire 15 Nr. 80.

bezeichnen; das sind ziemlich flüssige und vertretbare Ausdrücke.

Der § 648 des Bürgerlichen Gesetzbuches versteht unter „Bauwerk“ oder „Bau“ eine unbewegliche durch Arbeit und Material in Verbindung mit dem Erdboden hergestellte Sache;[1]) begriffsbestimmend ist hier einmal die menschliche „Arbeit“, — der Einsturz eines Hauses infolge höherer Gewalt oder Altersschwäche, das Wildwachsen eines Baumes usw. gehören nicht hierher, – das Material und zwar jedes Material, aus dem eine Sache zusammengesetzt werden kann, und schließlich die Verbindung mit dem Erdboden.[2]) Nach Entscheidungen des preußischen Oberverwaltungsgerichts[3]) ist das letzte Erfordernis, soweit es sich um baupolizeiliche Fragen handelt, nicht so zu verstehen, als ob die Sache mit dem Grund und Boden derart fest verbunden sein müsse, daß sie ohne Zerlegung oder Zerstörung sich nicht davon trennen ließe, ein Bau könnte vielmehr z. B. auch eine zur Umgehung der baupolizeilichen Vorschriften auf Räder statt wie gewöhnlich auf Balken gestellte Anlage sein, z. B. ein Schuppen, eine Remise. Dem muß beigetreten werden, können doch heute sogar vollständige Häuser hoch

[1]) Vgl. auch Reichsgericht: Entscheidungen in Zivilsachen, Bd. LVI, S. 41, Urteil vom 20. November 1903 und Bd. XXX, S. 153, Urteil vom 25. Mai 1892.

[2]) Vgl. Kammergerichtsentscheidungen auf dem Gebiete des öffentlichen Rechts Bd. I, S. 34 ff.

[3]) Vgl. Ackermann, Der Baukonsens und die polizeilichen Beschränkungen der Baufreiheit nach preußischem Recht S. 80 und Baltz, preußisches Baupolizeirecht, 3. Auflage, S. 310.

gehoben und transportiert werden und sind doch die Zwecke der baupolizeilichen Vorschriften wieder wesentlich andere, als die des Bürgerlichen Gesetzbuches. Nach Olshausen, Kommentar zum Strafgesetzbuch 6. Auflage Seite 1336 ist ein Bau im Sinne des § 330 des Strafgesetzbuches „jede in das Gebiet der Ausführung des Bauhandwerks fallende Tätigkeit, für deren Vornahme allgemein anerkannte Regeln der Baukunst von solcher Bedeutung bestehen, daß ein Zuwiderhandeln mit Gefahr für andere verbunden ist.[1])

Abbruch. Auch eine Abbruchsarbeit ist hiernach als Bautätigkeit zu betrachten.

Man wird aus dem Zwecke des gerade in Betracht kommenden Gesetzes, sowie aus dem Sprachgebrauch den Begriff zu erläutern haben.

Der Zweck des Alignementgesetzes war die Sicherung des Verkehrs. Jede Veränderung an oder über der Straßengrenze, die nach dem Sprachgebrauch als „Bauen“ bezeichnet werden kann, kommt hier als Gegenstand dieser Bestimmung in Betracht. „Bauen“ ist hiernach im weitmöglichsten Umfang zu verstehen. Die Staatsratsverordnung vom 27. Februar 1765 „betreffend die Bauerlaubnis und Bauflucht an Straßen“ spricht von gänzlichem oder teilweisem Neubau oder Wiederaufbau von Häusern oder sonstigen Gebäuden und „von Arbeiten aller Art“ auf Kosten solcher Häuser und Gebäude usw. Das „Normalreglement über die

---

[1]) Reichsgericht Entscheidungen in Strafsachen vom 23. Januar 1894, Bd. XXV, S. 90 und vom 27. April 1896, Bd. XXVIII, S. 318.

Bauerlaubnis im großen Straßenwesen“ vom 20. IX. 1850 bemerkt in Art. 1, „jedes Gesuch um Bauerlaubnis, das zum Gegenstand hat, Bauten längs der Straßen auszuführen, die Fronten der bestehenden Gebäude zu ändern . . . ., „Pflanzungen herzustellen oder wegzuschlagen“ . . . ., muß an den . . . . gerichtet sein.“

Von der Alignementverpflichtung abgesehen, kann freilich im Hinblick auf den Sprachgebrauch der Begriff der Bauerlaubnis und des Bauens schwerlich soweit gefaßt werden; Pflanzen werden im großen und ganzen, soweit sie nicht Bestandteile eines architektonischen Ganzen sind, nicht Gegenstand der Bauerlaubnis sein können. Die Sondergesetze von 1852, 1879 und 1892 enthalten auch keine so allgemeinen Ausdrücke. Vorgärten[1]) werden, auch abgesehen davon, daß Terrassen, Freitreppen, Laubengänge, steinerne Bänke, Einfriedigungen, sicher als Bauwerk zu gelten haben, im Zweifel zu der ganzen baulichen Anlage zu rechnen sein und dürften deshalb auch der Regelung unterliegen, umsomehr die Begründung in Anlehnung an den Straßburger Entwurf, der ausdrücklich eine Bestimmung darüber vorgesehen hatte, erklärt, die Anlage und die Unterhaltung von Vorgärten könne vorgeschrieben werden. Nicht unter die baupolizeiliche Regelung fallen wird dagegen die Bepflanzung ausgedehnter Parkflächen, Gärten oder Feldgrundstücke ohne Beziehung auf ein Gebäude. —

Pflanzen.

Vorgärten.

Das vorliegende Gesetz erläutert die „baupolizeilichen Vorschriften“, die auf ihm als Grundlage erlassen

[1]) Unten S. 67.

werden können, näher; es sind solche über die „Lage und die äußere Ausgestaltung“ „baulicher Anlagen“.

Bauliche Anlage.

Der Ausdruck „baulicher Anlagen“ [1]) ist nach der Begründung absichtlich gewählt, um möglichst viel zu umfassen; er ist auch an sich zweifellos viel allgemeiner als der Begriff „Gebäude“, der nur in sich abgeschlossene gedeckte Räume bezeichnet. Aus den Verhandlungen der Landesbaukommission und des Landesausschusses ergibt sich, daß die allgemeine Grundlage der Baupolizei nicht geändert werden sollte. „Bauliche Anlage“ ist also dasselbe wie bisher auch. Es fallen darunter alle Arten von Bauten, sowohl Hoch- als Tiefbauten, Gebäude, mögen sie dauernd oder vorübergehend errichtet werden, aber auch Einfriedigungen, Zäune, Kanäle, Eisenbahnen, Eisenbahnanlagen und Straßenbauten. Die Grundlage der baupolizeilichen Vorschriften ist aber doch insofern etwas geändert, als der Zweck des Gesetzes ein anderer als bisher ist, nämlich der Schutz des Ortsbildes. Die baupolizeilichen Vorschriften, zu denen erst das Ortsstatut ermächtigt, können sich daher nur auf die für das Publikum sichtbare „äußere Ausgestaltung“ von baulichen Anlagen beziehen.

„Äußere Ausgestaltung.“

Äußere „Ausgestaltung“ [2]) kann an sich jedwede Arbeit an einer baulichen Anlage sein; zur Anwendung des Gesetzes ist aber immer vorausgesetzt, daß sie das

---

[1]) Auch in der Baupolizeiordnung für den Stadtkreis Berlin, § 21 verwendet.

[2]) Der Ausdruck ist der badischen Landesbauordnung vom 1. September 1907 § 33, Abs. 1 entnommen. Vgl. Roth, Badische Landesbauordnung, Erläuterungen dazu.

Äußere, das der Öffentlichkeit Zugewendete der baulichen Anlage betrifft, daß die Anlage oder doch der fragliche Teil von öffentlichen Straßen, Plätzen, Bahnhöfen, Eisenbahnlinien, öffentlichen Gärten, starkbesuchten Aussichtspunkten, wie z. B. von der Plattform des Straßburger Münsters aus usw. gesehen werden kann und für das Ortsbild nicht ganz unerheblich ist. Eine Hofansicht dürfte, im allgemeinen wenigstens, kaum unter das Gesetz fallen. Unter die Arbeiten, die hiernach der Bauerlaubnis unterworfen werden können und der baupolizeilichen Regelung überhaupt unterliegen, fallen vor allem Neubauten, aber auch Umbauten, das Aufsetzen von Stockwerken, die Umgestaltung des Daches, seine Umdeckung, das Hochführen von Dachaufbauten und von Schornsteinen, das Aufsetzen von Rohren darauf, alle Arbeiten an den Fassaden, das Ausbrechen von Fensteröffnungen, das Zumauern von Fenstern, auch Verkleidung der Wände, der Verputz, der Anstrich und die Bemalung. Auch bloße Ausbesserungen berühren die äußere Ausgestaltung, desgleichen jedwede Anbringung von Reklameschildern an Gebäuden oder in Gärten, die mit dem Gebäude ein architektonisches Ganzes bilden.

Bauerlaubniszwang.

Die Verordnung kann für jede Art der Arbeiten die Einholung der Bauerlaubnis vorschreiben oder nur für einzelne, besonders wichtige.[1]) Sie kann weiter für alle Arbeiten auch die Bedingungen für die Versagung der Bauerlaubnis aufstellen, soweit sie nach

Bedingungen für Erteilung der Bauerlaubnis.

[1]) Vgl. unten im III. Teile.

dem Ermessen der Baupolizei für das Ortsbild von Wichtigkeit sind. Sie kann Vorschriften über die Höhe, sowohl Mindest- als Höchsthöhe, die Gestaltung der Dächer, die Art ihrer Eindeckung, die Erker und Balkone, die Fassadenbehandlung erlassen usw., teils lediglich negativ, indem sie gewisse Ausführungen verbietet, teils positiv, indem sie vorschreibt, daß eine beabsichtigte Ausführung so und so vorgenommen werden muß.

für bestehende Anlagen.

Besonderer Betrachtung bedarf die Frage, inwieweit das Ortsstatut und die Verordnung bei ihrem Inkrafttreten schon bestehende Anlagen ergreifen kann. Wieweit sie dies wirklich tun und nicht mit sehr realen, wirtschaftlichen, sozialen und gesundheitlichen Interessen zu rechnen hat, die sie vor die ästhetischen Rücksichten setzen muß, ist eine ganz andere Frage, es handelt sich hier zunächst nur darum, ob das Ortsstatut und die Verordnung soweit gehen dürfen, ohne ungesetzlich, d. h. ungültig und unwirksam zu werden.

Da unterliegt es keinem Zweifel, daß die Verordnung die Bauerlaubnis versagen kann für gewisse bauliche Änderungen an bestehenden Gebäuden oder für beabsichtigte Änderungen gewisse Vorschriften machen kann. Schon aus Gründen der Standfestigkeit, Feuersicherheit und Gesundheit sind manche derartige Vorschriften auch für bestehende Häuser zulässig. Sie gelten nicht nur für Neubauten, sondern auch für Umbauten und können auf jede Arbeit erstreckt werden, die in der fraglichen Beziehung von Belang ist. Das neue Gesetz ändert an dieser Grundlage nichts, schränkt sie jedenfalls nicht ein; zu seinem Zwecke können baupolizeiliche Vorschriften in demselben gegenständlichen Umfange erlassen werden; ja in alten Städten wird es sogar eine Hauptaufgabe der baupolizeilichen Verordnungen sein, das bestehende Ortsbild in den bebauten Stadtteilen vor Verunstaltung zu bewahren und es allmählich dadurch zu verbessern, daß sie vorhandene Verunstaltungen gelegentlich und mit der Zeit verschwinden lassen. Die Verordnung kann daher ihre allgemeinen Vorschriften z. B. über die Höhe der Gebäude, Breitenausdehnung, Vorsprünge, Anstrich usw. auch auf bestehende Gebäude erstrecken. Sie wird z. B., ebensowenig wie eine völlig neue Bauordnung, zuzulassen brauchen, daß ein bestehendes Gebäude durch einen Aufbau höher geführt wird, als dies dort gestattet ist, oder daß an Stelle eines charakteristischen steilen Daches, da, wo nur solche zugelassen werden, ein flaches Dach angebracht, oder daß ein Haus grell oder mißfarbig angestrichen wird; sie wird aber auch nicht zu dulden brauchen, daß ein schon derart gestrichenes Haus bei einer Auffrischung genau wieder so gestrichen oder daß ein unkünstlerisches rücksichtsloses Antünchen wiederholt wird. Es ist dabei gleichgültig, ob die Auffrischung auf den freien Entschluß des Eigentümers zurückzuführen ist oder auf eine Aufforderung der Baupolizei gemäß dem Dekret von 1852 Art. 4 über die Reinhaltung der Fassaden.

Die Verordnung kann beabsichtigte Arbeiten auch dann treffen, wenn sie im Ergebnis keine Veränderung, keine neue Verunstaltung mit sich bringen, sondern nur eine bestehende verlängern würden. Das wird grundsätzlich auch dann gelten, wenn ein durch die Zeit, durch Feuer oder sonstige äußere Gewalt zerstörtes Haus wieder aufgebaut oder wenn ein größerer Umbau daran vorgenommen werden soll. Es ist dann den durch die Verordnung erlassenen Bestimmungen unterworfen. Unter Umständen wird, wenn auch recht selten, falls der Bauplatz zur Überbauung nach diesen Vorschriften oder nach den sonstigen Bestimmungen der Bauordnung zu klein oder sonst ungeeignet ist, dadurch die Überbauung überhaupt unmöglich gemacht werden, ohne daß dies die Rechtswirksamkeit der Bestimmung berührt.

Kein völliges Bauverbot.

Zu verneinen ist aber wohl die Frage, ob die Verordnung die Bebauung eines selbständigen größeren Baugeländes auf Grund des neuen Gesetzes nicht nur bedingungsweise, sondern überhaupt schlechtweg völlig verbieten kann, etwa weil eine schöne Aussicht auf ein hervorragendes Gebäude, ein Gebirge oder einen Wasserlauf dadurch versperrt würde. Es handelt sich da nicht mehr um „Ausgestaltung baulicher Anlagen“, sondern um ein vollständiges Bauverbot, das einer Enteignung gleichkommt und das daher auch nur unter den Voraussetzungen, Formen und Folgen der Enteignung nach dem Gesetz vom 3. Mai 1841 vor sich gehen könnte, nachdem vorher die Gemeinnützigkeit des Unternehmens durch Gesetz oder, bei kleineren Arbeiten, durch landesherrliche Verordnung anerkannt worden ist. Ob aber der Schutz des Ortsbildes eine genügende Grundlage für das Gesetz oder die landesherrliche Verordnung bildet, die das Unternehmen als im öffentlichen Nutzen liegend bezeichnen und die Enteignung ermöglichen, ist zweifelhaft; dafür sprechen die Verhandlungen über das genannte Enteignungsgesetz[1]) und der Umstand, daß zweifellos die Erhaltung eines hervorragenden Schönheitswertes für die Öffentlichkeit von großem Nutzen ist, dagegen aber, daß es sich hier in der Regel nicht um eine Arbeit, vielmehr gerade um Verhinderung eines Abbruchs handelt, und daß die Berücksichtigung ästhetischer Gesichtspunkte, sowohl bei Eigentumsbeschränkungen, als bei Entziehung des Eigentums in Frankreich zur Zeit der Entstehung des Enteignungsgesetzes schwerlich mit den hohen Begriffen der Franzosen von der Heiligkeit des Eigentums in Einklang zu bringen wäre, auch erst im Jahre 1887 durch ausdrückliche gesetzliche Bestimmung zu zweifellosem geltendem Recht erhoben wurde (französisches Denkmalschutzgesetz v. 30. März 1887 Art. 5). Enteignung zu diesen Zwecken wird auch wohl recht selten in Frage kommen.

Abbruch.

Das Gleiche wie von einem vollständigen Bauverbot wird anderseits zu gelten haben vom vollständigen Abbruch eines Gebäudes, etwa eines künstlerisch oder kunstgeschichtlich hervorragenden für das Stadtbild auch noch so wichtigen Gebäudes. Der vollständige Abbruch kann auch m. W. nach keinem der deutschen Gesetze, die bisher zum Schutze des Ortsbildes erlassen wurden, schlechtweg, besonders nicht ohne Entschädigung, verboten werden, es bedürfte dazu eines besonderen

---

[1]) Vgl. Bredt, Denkmalschutz im Wege der Enteignung.

Gesetzes über die Denkmalspflege, wie es z. B. in Hessen am 16. Juli 1902 ergangen ist, wo aber ein solches Verbot nur unter Leistung von Entschädigung vorgesehen ist.[1]) Einen Schutz gegen völligen Abbruch hervorragender Gebäude, soweit sie nicht klassiert sind, bringt auch das neue elsaß-lothringische Gesetz nicht. Anders ist es mit dem Abbruch von Teilen einer baulichen Anlage, überhaupt mit Veränderungen, die nicht den völligen Abbruch bedeuten. Diese kann die Verordnung regeln.

Erzwingung baulicher Arbeiten.

Weiter fragt es sich, ob die Verordnung nicht bloß die Voraussetzungen für Erteilung der Bauerlaubnis festsetzen kann, also bei deren Fehlen das Versagen der Bauerlaubnis gestatten oder vorschreiben, sondern auch positiv die Ausführung von baulichen Arbeiten verlangen kann, z. B. die Auffrischung oder Reinigung eines Gebäudes, das Verputzen einer Brandmauer, das Beseitigen eines mißfarbenen Anstrichs, eines erheblich störenden Reklameschildes, einer sonstigen Verunstaltung, oder die Ausbildung, Verdeckung oder Beseitigung von Bauresten, die Anlage von Vorgärten usw.

Nachträglich eintretender ordnungswidriger Zustand.

Es wird hier zunächst zu unterscheiden sein der Fall, wo der bauordnungswidrige Zustand, die Verunstaltung, erst nach Erlaß der Verordnung eintritt, z. B. durch Verwahrlosung eines Gebäudes, und der, wo dieser Zustand schon zu diesem Zeitpunkt besteht.

[1]) Gesetz den Denkmalschutz betreffend, Art. 11 und 14. — Im übrigen ist Entschädigung für gesetzliche, auch durch Verordnung auferlegte, Eigentumsbeschränkungen nicht geschuldet; vgl. Akermann a. a. O., S. 141.

Im ersten Fall ist jene Frage zu bejahen. Das Gesetz macht keine Ausnahme; es spricht schlechtweg von „Vorschriften über die äußere Ausgestaltung von baulichen Anlagen"; dem Zwecke des Gesetzes entspricht es zweifellos durchaus, Verwahrlosung von Mauern, ihrer Unsauberkeit und ihrem verunstaltenden Aussehen entgegenzuwirken und nähere positive Bestimmungen über die äußere Ausgestaltung zu erlassen, die das Anpassen der Bauten an das Straßenbild, die harmonische Wirkung eines Baues gewährleisten sollen. Der Wortlaut des Gesetzes, besonders auch der Begründung spricht nicht gegen diese Annahme, im Gegenteil, es sind unter den nach dem Gesetz möglichen Vorschriften auch solche (aus dem Straßburger Entwurfe entnommen) aufgeführt, welche die Auffrischung und Reinhaltung aller öffentlich sichtbaren Wände, die Beseitigung von Bauresten und unvollendeten Bauten, die Anlage von Vorgärten u. dgl. betreffen.

Der letzte Fall[1]) ist praktisch besonders wichtig. Vorgärten. Rücken die Häuser, sei es freiwillig oder infolge einer baupolizeilichen Vorschrift, eine angemessene Tiefe hinter die Flucht, so wird regelmäßig der Zwischenraum, dessen Einfriedigung in der Flucht schon auf Grund der Alignementgesetze verlangt werden kann, nicht zur Lagerung oder zu sonstigen gewerblichen Zwecken verwendet werden können, wenn nicht das Straßenbild geschädigt werden soll. Was man auch, teilweise mit Recht, gegen die Vorgärten sagen mag,

[1]) Vgl. oben S. 59 und unten S. 99.

so sind sie bei vernünftiger Behandlung, wenn sie nicht schablonenhaft gleich tief und nicht zu schmal sind, reichlichen Pflanzenwuchs aufweisen, und ab und zu niedere Vorbauten zulassen, das wichtigste, ja häufig das einzige Mittel, die Gesamtanlage, wie sie sich aus dem Zurücktreten der Häuser ergibt, schön zu gestalten, ganz abgesehen davon, daß sie das Haus vor der unmittelbaren Berührung mit der staubigen lärmenden Straße schützen. Daraus wird sich die in der Begründung als selbstverständlich angesehene Berechtigung ergeben, vorzuschreiben, daß derartige Zwischenräume als Gärten anzulegen und zu unterhalten sind.

Einzelne Vorschriften.

Auch das Anpassen baulicher Anlagen an vorhandene eigenartige Platz- und Straßenbilder oder künstlerisch und kunstgeschichtlich hervorragende, das Bild beherrschende Bauten kann verlangt werden, desgleichen, daß die Bauten an bestimmten Straßen höheren architektonischen Anforderungen entsprechen oder von künstlerischem Werte sein müssen, ferner, daß die Gebäude in bestimmten Gegenden als offengebaute Villen oder Landhäuser errichtet werden müssen, lauter Bestimmungen, die der Straßburger Gesetzentwurf [1]) vorgesehen hatte und die Begründung zu dem Gesetz als möglich und zulässig anführt.

Grundsatz der Verhältnismäßigkeit baupolizeilicher Auflagen.

Können hiernach auch positive Vorschriften getroffen werden, so kann doch im einzelnen Fall niemals mehr verlangt werden, als notwendig ist, um den zum Schutze des Ortsbildes nach der Verordnung oder dem Er-

---

[1]) Unten im Anhang abgedruckt.

messen der Baupolizeibehörde erforderlichen Zustand herbeizuführen.[1]) Z. B. wird ein Anstrich da nicht verlangt werden können, vom Geltungsgebiet des Dekrets von 1852 abgesehen, wo eine Abwaschung zur Reinhaltung genügt, es sei denn, daß die Verordnung einen Anstrich vorschreibt, ebensowenig wird die völlige Beseitigung eines Baurestes durch Einzelverfügung verlangt werden können, wenn der Eigentümer vorzieht, den Baurest durch eine Mauer vollständig zu verdecken. Auch die Bestimmung, daß zunächst ein Vorderhaus errichtet werden muß, bevor die beabsichtigte Erbauung eines Hinterhauses zugelassen wird, wäre schwerlich gerechtfertigt, wenn dieses den Blicken der Öffentlichkeit auf andere Weise entzogen wird, z. B. durch eine Mauer oder hohe Bäume.

Dieser Grundsatz der Verhältnismäßigkeit der baupolizeilichen Auflagen zu dem zu erreichenden Zwecke muß stets eingehalten werden, auch was Feuersicherheit, Standfestigkeit und Gesundheit angeht. –

Schon bestehender ordnungswidriger Zustand.

Anders als der bisher erörterte Zustand dürfte der Fall liegen, wenn der ordnungswidrige Zustand schon zur Zeit des Inkrafttretens des Gesetzes besteht und bisher nicht verboten werden konnte, wenn z. B., wie dies in Straßburg mehrfach der Fall ist, ein Haus unsinnig grell oder mißfarbig angestrichen ist oder wenn störende Reklamebilder schon angebracht sind, oder nackte unverputzte Brandmauern rechtmäßigerweise schon stehen, oder ein Haus höher ist, als dies nach den neuen Be-

[1]) Vgl. auch Emerich, baupolizeiliche Eigentumsbeschränkungen, a. a. O., S. 446 und oben S. 49.

stimmungen zulässig ist, oder ein niedriges Dach hat, wo durch die neue Bauordnung hohe Dächer vorgesehen sind usw. Hier kann schwerlich ohne weiteres verlangt werden, auch auf Grund einer neuen Verordnung nicht, daß der verunstaltende Zustand beseitigt wird, daß also z. B. der mißfarbige Anstrich alsbald entfernt oder zugedeckt wird, daß die Reklameschilder herabgenommen, daß die Brandmauern geschmückt und ausgebildet werden, oder gar daß ohne weiteren Anlaß das Haus teilweise abgebrochen wird. Der Wortlaut des Gesetzes spricht zwar nicht für diese Einschränkung auch der Verordnungsgewalt, sie darf aber aus dem seither bestehenden Rechtszustand, aus der öffentlichen Meinung, sowie aus den Verhandlungen über das Gesetz entnommen werden. Im Hinblick darauf, daß wohl in keinem deutschen Staate das Eigentum so hoch geschätzt wird als in Elsaß-Lothringen, daß nach bisherigem bestehendem Recht Eingriffe aus ästhetischen Gründen so gut wie gar nicht zugelassen waren, wird man anzunehmen haben, daß der Landesausschuß in seiner großen Mehrheit, wenn er doch dem Gesetz und der Möglichkeit neuer Beschränkungen für das Eigentum zugestimmt hat, damit eine eigentliche Rückwirkung des Gesetzes auf bestehende Zustände nicht beabsichtigt hat. In den Verhandlungen der Kommission des Landesausschusses ist dem übrigens auch Ausdruck gegeben worden, wenn dies auch nicht in dem Kommissionsbericht steht. Es wird also schwerlich zulässig sein, daß ein Ortsstatut und die darauf gestützte Verordnung sich derart rückwirkende Kraft beilegen; eine solche Bestimmung wäre wohl ungültig und unwirksam, selbst wenn das Ortsstatut die Genehmigung des Bezirkspräsidenten erhielte.

Als eine unzulässige Rückwirkung des Gesetzes wäre es dagegen schwerlich anzusehen, wenn die Beseitigung des verunstaltenden Zustandes bei Gelegenheit, also z. B. bei einem teilweisen oder völligen Umbau, verlangt werden würde. Sobald eine Änderung erfolgt, kann verlangt werden, daß die gesamte bauliche Anlage den Vorschriften der neuen Verordnung entsprechend ausgestaltet wird. Würde z. B. ein Haus teilweise abgebrochen und mit einem Dach versehen, so müßte nicht nur gegebenenfalls, wenn die Verordnung dies vorschreibt, das Dach den neuen Vorschriften entsprechen, sondern auch die stehen bleibende Brandmauer müßte, soweit dies möglich ist, den neuen Bestimmungen entsprechend ausgebildet werden.

Die „Lage" baulicher Anlagen.

Nicht nur über die „äußere Ausgestaltung", sondern auch über die „Lage baulicher Anlagen" können nach § 1 des Gesetzes baupolizeiliche Vorschriften erlassen werden.

Mit dieser Bestimmung bezweckte man, u. a. besonders die Möglichkeit zu geben, ein Zurücktreten der Häuser von der Straßenflucht zur Anlage von Vorgärten u. dgl. vorzuschreiben, also eine Verschiedenheit der Baufluchtlinie von der Straßenfluchtlinie festzusetzen. Wenn freilich dazu die Begründung bemerkt, daß das Zurücktreten der Häuser auf Grund der Alignementgesetze bisher nicht vorgeschrieben werden konnte, so ist dies zwar zweifellos richtig, — für die Alignementgesetze war Straßenflucht und Baugrenze (Bauflucht) das nämliche —, aber es war bisher nach richtiger Ansicht wohl nicht ausgeschlossen, ein Zurücktreten der Häuser hinter die Straßenflucht durch die Bauordnung aus gesundheitlichen Gründen vorzuschreiben, wenigstens geht das Urteil des Oberlandesgerichts zu Colmar vom 31. Oktober 1905[1]) anscheinend von dieser Ansicht aus. Das neue Gesetz beseitigt nun immerhin die vorhandenen Zweifel. Der Abstand braucht keineswegs bei allen Häusern der gleiche zu sein, auch ist über seine Maße nichts gesagt, nur muß der entscheidende Gesichtspunkt „der Schutz des Ortsbildes" bei der Bestimmung maßgebend sein.

Mit der „Lage" baulicher Anlagen ist nach der Begründung gemeint die Lage des Bauwerks zum ganzen Baugrundstück. Es kann hiernach außer dem Abstand von der Straße auch ein solcher von der seitlichen Nachbargrenze, ein Bauwich, wie er bei der offenen Bauweise erforderlich ist, vorgeschrieben werden, und zwar jetzt auch aus ästhetischen Gründen, nicht nur aus gesundheitlichen wie bisher, was sich durchaus nicht schlechthin deckt. Es kann aber auch aus ästhetischen Gründen angeordnet werden, daß die Gebäude in der Fluchtlinie errichtet werden müssen, eine Bestimmung, die jetzt schon die Bauordnungen vielfach aufweisen, wenn auch ihre Rechtsgültigkeit nicht außer

[1]) Juristische Zeitschrift für Elsaß-Lothringen, Bd. XXXII, S. 443 und Emerich, Baupolizeiliche Eigentumsbeschränkungen, S. 457 und 458.

Zweifel stand. Man wird dann von der Ausnahmebefugnis, welche z. B. die Straßburger Bauordnung einräumt, reichlichen Gebrauch machen können, wenn Gewähr gegeben ist, daß die Straße nicht durch häßliche vorspringende Brandmauern verunstaltet wird, ja für die Villengebiete und teilweise auch für die Gebiete geschlossener Bauweise wird ein Zurücktreten unbedenklich schon in der Verordnung zugelassen werden können.

„Zum Schutze des Ortsbildes."

Der Zweck all dieser Vorschriften ist durch die Worte „zum Schutz des Ortsbildes" bezeichnet.

Sie fehlten in dem ersten Entwurf der Regierung; erst der zweite Entwurf brachte sie auf Anregung des Staatsrats unter Anlehnung an die Straßburger Entwürfe. Dieser Zusatz war entschieden notwendig: sowohl über die „äußere Ausgestaltung" baulicher Anlagen, als über ihre Lage konnte schon nach bisher geltendem Recht aus gesundheitlichen Gründen eine Reihe von zweifellos rechtsgültigen Vorschriften erlassen werden, man denke nur an die Höchsthöhe der Gebäude, an die Dachneigung, die Dachaufbauten, die Vorsprünge und Ausladungen der Dächer, der Balkone und Risalite, ferner der Abstände, die vor Fenstern einzuhalten waren von den Nachbargrenzen oder von auf demselben Grundstück stehenden Mauern am Hofe, das nicht weniger gültige Vorschreiben eines Bauwichs seitlich und rückwärts für die offene Bauweise und das Nichtüberschreiten der Fluchtlinie, die Einhaltung der vorgeschriebenen Höhenlage usw. Die Worte über „die Lage und die äußere Ausgestaltung" konnten deshalb für sich allein unmöglich etwas völlig Neues und einen Gegensatz bilden zu den Worten „außer den im Interesse von Sicherheit und Gesundheit erforderlichen Vorschriften". Ohne den weiteren Zusatz „zum Schutze des Ortsbildes" wäre daher der Satz logisch nicht einwandfrei gewesen und hätte zum mindesten Zweifel über die bisherige Tragweite der Verordnungsgewalt des Bürgermeisters erweckt. Ferner hätten ohne diesen Zusatz solche Vorschriften „über die Lage und äußere Ausgestaltung" aus irgendwelchen beliebigen Gründen zugunsten der Gemeinden oder des Staates erlassen werden können, etwa um eine Bebauung unmöglich zu machen und das Gelände dadurch billig zu erwerben usw., was nicht beabsichtigt war.

Der Zusatz „zum Schutze des Ortsbildes", der der Überschrift der Straßburger Entwürfe entnommen ist, und der zur kurzen Kennzeichnung des gesetzlichen Inhalts auch in die Überschrift des neuen Gesetzes hätte aufgenommen werden können, schließt nun jedes Mißverständnis und jede mißbräuchliche Verwendung des Gesetzes aus. Er kennzeichnet den ganzen Inhalt und Zweck des Gesetzes in wenigen Worten und überträgt der Baupolizei eine ganz neue, schwierige Aufgabe, eine künstlerisch-ästhetische.

„Ortsbild." Wie aus der Entstehungsgeschichte des Zusatzes sowie aus dem Zwecke des Gesetzes zu entnehmen ist, muß er ganz allgemein aufgefaßt werden und zwar sowohl der Begriff des „Ortsbildes" als die Worte „zum Schutze".

Das Ortsbild ist zunächst das Bild des Ortes im ganzen oder in gewissen Teilen, wie es sich von auswärts darstellt. Es gibt von einer Ortschaft freilich nicht ein einziges Bild, sondern manche, oft viele Bilder, die alle des Schutzes würdig sind, je nach dem Standpunkt, von dem aus man die Ortschaft betrachtet. Gewisse Bilder sind freilich darunter, die besonders bezeichnend sind und deshalb allgemeine Beachtung wie Anerkennung gefunden haben, aber sie sind nicht die einzigen durch das Gesetz geschützten Bilder.

Die Frage, ob das Ortsbild auch geschützt wird, insoweit es sich außerhalb des Gemeindebanns darstellt, wird zu bejahen sein. Die Verordnung kann sich allerdings selbstverständlich nur auf Bauten im Gemeindebann beziehen. Auf Gebäude außerhalb des Gemeindebanns hat sie keinen Einfluß, aber die Gemeinde selbst hat ein Interesse daran, daß sich ihr Ortsbild nach außen interessant und charakteristisch darstellt und nicht durch Bauten innerhalb der Gemeinde verunstaltet wird, besonders wenn die Grenze des Gemeindebanns dicht bei der Stadt verläuft, wie z. B. bei Straßburg, das im Norden unmittelbar hinter dem Festungswalle an die Gemarkung von Schiltigheim grenzt; auch wird bei vielen kleineren Gemeinden gerade das sich von außen in einiger Entfernung darbietende Gesamtbild besonders schutzeswert sein. Der Bürgermeister kann daher die Bauten innerhalb des Gemeindebanns Beschränkungen unterwerfen, um auch dieses Bild nicht zu stören.

„Ortsbild“ im Sinne dieses Gesetzes ist aber weiter nicht nur das Bild der Stadt, wie es sich von außen darstellt, sondern auch das von innen gesehene

Bild eines Teils der Stadt, sei es nun ein ganzer Bezirk oder nur eine Straße oder nur ein Platz. Auch Bestimmungen, die zum Schutze bestimmter hervorragender Bauten erlassen sind, müssen als solche zum Schutze des Ortsbildes angesehen werden, insofern diese Gebäude für das Ortsbild im ganzen oder einen Teil bestimmend oder wenigstens von Bedeutung sein können. Es ist ferner nicht unbedingt notwendig, daß der zu schützende Teil der geschlossenen Ortschaft angehört; er kann z. B. auch eine Annexe sein.

Landschaftsbild.

Dagegen muß es sich wirklich um das Ortsbild handeln, das geschützt werden soll. Das Landschaftsbild, das Bild der Landschaft, des Gebirges, Waldes, Wasserlaufs, der Seen usw. wird vom Gesetze als solches leider nicht geschützt. In dem ersten für das ganze Land bestimmten Straßburger Entwurf war der Schutz der hervorragendsten Landschaftsbilder vorgesehen, ähnlich wie u. a. in dem preußischen Gesetz von 1907; die Bezirkspräsidenten sollten mit dem Schutze betraut werden. Es richtete sich besonders gegen die Verunstaltung der Landschaft durch abscheuliche Reklameschilder, die frei aufgestellt oder an die Felsen gemalt oder geheftet sind, ferner aber auch gegen Verunstaltung durch Fabriken und andere Bauten, die ohne jede Anpassung an die Landschaft an den schönsten Punkten zur Entstehung gelangen können, gegen Zerreißung der hervorragendsten Landschaftsbilder durch neue Steinbrüche u. dgl. mehr. Das vorhandene Gesetz hat aber von dem Schutze des Landschaftsbildes abgesehen. Die Begründung spricht auch ausschließlich vom Ortsbild. Soweit freilich die Landschaft einen Teil des Ortsbildes darstellt, kann sie auch geschützt werden; z. B. wird man auf Grund einer entsprechenden ortspolizeilichen Verordnung nicht zu dulden brauchen, daß ein Berg, der, unmittelbar hinter einer Ortschaft aufragend, ihren Hintergrund abgibt, durch bauliche Anlagen verunstaltet wird, denn dies würde auch das ganze Ortsbild treffen. Anderseits aber wird ein einzelnes Haus eine Landschaft noch nicht zum Ortsbild machen, während eine hervorragende Burgruine als überwiegend wichtiger Bestandteil des gesamten Bildes als Teil des Ortsbildes in der Regel gelten darf.

Der „Schutz" des Ortsbildes ist ferner nicht so gemeint, daß lediglich zur Verteidigung eines bestehenden Ortsbildes, zum „Denkmalschutz", Vorschriften erlassen werden können, wie aus der oben erwähnten Entstehungsgeschichte des Zusatzes und aus der Begründung hervorgeht, vielmehr ist dies auch zum Schutze eines erst in Entstehung begriffenen oder geplanten Ortsbildes, z. B. bei dem „großen Straßendurchbruch" oder in der Neustadt und den Vororten Straßburgs möglich. Auch braucht die Verordnung nicht nur Verbote, sondern kann auch Gebote enthalten. Schutz des Ortsbildes.

III.

Verordnungen zum Schutze des Ortsbildes.

A. Empfehlenswerter Inhalt.

Allgemeine Bemerkungen.

Bevor im Folgenden versucht wird, weitere Andeutungen zu geben für den zulässigen und insbesondere für den wünschenswerten Inhalt der Verordnung, die der Bürgermeister auf Grund des neuen Gesetzes und des Ortsstatuts erlassen kann, seien einige allgemeine Bemerkungen gestattet.

Für viele Gemeinden.

Es empfiehlt sich durchaus für die meisten Gemeinden des Landes, nicht nur für die großen Städte, sondern auch für Mittelstädte, ja Landstädte und Dörfer, eine entsprechende Verordnung zu erlassen. Über den Reichtum des Landes an Denkmälern der Kunst und Kunstgeschichte ist das Nötige schon oben S. 14 gesagt.[1]) Fast in jeder Gemeinde findet sich etwas des Schutzes Wertes; wenn es nicht der Anblick des ganzen Ortes ist, so sind es doch einzelne Ortsteile, Straßen oder Plätze, einzelne Kirchen, Rathäuser, Klöster, Burgen, alte Befestigungsanlagen, Privathäuser, Kapellen oder Brunnen, deren Bedeutung für das Ortsbild erhalten zu werden verdient. Nicht nur Altes kommt aber in

[1]) In Lothringen, das oben zu wenig Berücksichtigung erfahren hat, sind noch römische Reste erhalten, z. B. die Wasserleitung in Jouy-aux-Arches, auch mehr Bauten der romanischen Bauperiode als im Elsaß. An gotischen Bauten sind vor allem zu erwähnen die Kathedrale in Metz und die spätgotische ehemalige bischöfliche Münze in Vic.

Betracht, auch Zukünftiges, Neues, ist ins Auge zu fassen bei Beantwortung der Frage, ob eine solche Verordnung ergehen und welcher Inhalt ihr zukommen soll. Selbst wenn das vorhandene Ortsbild kein hervorragendes ist, selbst wenn es sogar schon vielfach verdorben, unscheinbar oder gegenwärtig der Erhaltung nicht wert erscheint, so kann doch auch in einem solchen Orte ein sehenswertes, besseres Ortsbild zur Entstehung gelangen, wenn wenigstens ein Teil der Hindernisse und Gefahren durch eine solche Verordnung hinweggeräumt wird.

Keine Fesselung der Kunst.

Anderseits aber müßte man sich bei Erlaß und Durchführung jeder derartigen Verordnung vor Augen zu halten haben: es kann keinesfalls Zweck der Baupolizei sein, der Kunst die Marschrichtung vorzuschreiben; auch darf sie nicht moderne Bedürfnisse des Verkehrs, der industriellen Entwicklung oder der Gesundheitspflege unterbinden oder unnötig erschweren. Romantische Schwärmerei und Altertümelei darf keineswegs ihre Aufgabe sein, am wenigsten in einer modernen Großstadt, wo energisch und stark das Leben der Gegenwart pulsiert. Die Baupolizei wird auf dem Gebiete der Kunst schon viel geleistet haben, wenn sie verhindert, daß das Ortsbild, sei es durch Unverstand, sei es durch Gewinnsucht und Mangel an sozialem Empfinden und Verantwortlichkeitsgefühl oder endlich gar durch Bosheit verdorben wird, soweit es schon vorhanden und soweit es im Entstehen begriffen ist. Die anvertraute Aufgabe ist zweifellos sehr schwierig und es bedarf der Mitwirkung aller sachverständigen

Kreise, sowohl der eigentlichen Sachkreise als der von Künstlern und künstlerisch empfindenden Personen überhaupt, um sie einigermaßen lösen zu können. Es ist selbstverständlich, daß die Verordnung mit der größten Vorsicht abgefaßt werden muß und daß ihre Durchführung nicht den unteren Organen, bei denen man das nötige Verständnis nicht voraussetzen kann, überlassen werden darf. Aber auch selbst bei Mitwirkung von Sachverständigen darf nicht außer acht gelassen werden, daß es in der Baukunst wie in der Kunst überhaupt nicht viele allgemein anerkannte Werte gibt, und daß es die gute Absicht des Gesetzes in ihr Gegenteil verkehren hieße, wenn auf seiner Grundlage einseitige Lehrmeinungen und künstlerische Dogmen die Freiheit der Kunst unterdrücken wollten. – Freilich ist lange nicht alles, was baut und gebaut wird, Kunst; ja Erzeugnisse der Kunst sind wohl nicht gerade häufig.

Rücksicht auf verschiedene Verhältnisse.

Es ist weiter auch Rücksicht zu nehmen auf die Verschiedenheit der Verhältnisse der Großstadt, mittleren Stadt, solcher mit geringerer oder stärkerer Entwicklung und Ausdehnungsneigung, mit vorhandenem einheitlichem Gepräge oder im Gegenteil mit verschiedenem Charakter, der früher oder heute noch befestigten Plätze oder offenen Ortschaften, solchen in der Ebene oder im Gebirge, an Wasserläufen, in Waldesnähe, auf rein oder vorwiegend ländlichen Charakter des Ortes oder auf Mischung mit Industrie oder Handel, endlich darauf, ob an dem Orte schon Fluchtlinienpläne (Bebauungspläne) bestehen, ob die Gesetze betreffend

Weißbrücke mit Kapelle bei Kaysersberg.

Zu „Emerich, Ortsbild".

Verlag von Karl J. Trübner in Straßburg.

Beschränkungen der Baufreiheit von 1879 und 1892 eingeführt, ob allgemeine Bauordnungen schon vorhanden sind oder nicht usw. Eine Anpassung an die individuellen Verhältnisse eines Orts ist unbedingt notwendig, wenn die Verordnung ihre Aufgabe, das Ortsbild zu schützen, mit voller Wirkung erfüllen und dabei doch der Kunst genügend Spielraum lassen, das Eigentum und Vermögen des Einzelnen so wenig wie möglich belasten und den Fortschritten der Zeit auf dem Gebiete des Verkehrs,[1]) der wirtschaftlichen Entwicklung und der Gesundheit keine Hindernisse bringen soll. Wenn irgendwo, so läßt sich hier wie bei Bauordnungen überhaupt nicht schematisieren, sondern es ist jeder Ort für sich zu behandeln.

Andere Maßnahmen.

Die Verordnung muß weiter Hand in Hand gehen mit anderen Maßnahmen zur Erhaltung der überkommenen baulichen Kulturwerke und des Ortsbildes; es wird unten[2]) noch das Notwendigste darüber zu sagen sein.

Fassung weder zu eng noch zu weit.

Die Fassung der Verordnung darf weder zu eng noch zu allgemein sein. Ist sie zu eng, gibt sie ausschließlich detaillierte Bestimmungen, z. B. über die Höhe der Häuser, die Dachausbildung, das Verhältnis zur Fluchtlinie oder gar die Stilformen, so kann sie

[1]) Vgl. den Bericht des Provinzialkonservators Rehorst auf dem 8. Tag für Denkmalspflege in Mannheim 1907, stenographischer Bericht S. 73 ff., und seine Schrift „über die Möglichkeit der Erhaltung alter Städtebilder unter Berücksichtigung moderner Verkehrsbedürfnisse" 1907.

[2]) S. 126.

gerade zu schädlich wirken durch Herbeiführung einer zu großen schablonenhaften Gleichmäßigkeit und Unterbinden freierer Gestaltungskraft, aber sie bleibt dann auch lückenhaft und gibt keine ausreichende Handhabe, um der Verunstaltung des Ortsbildes in all ihren einzelnen Arten wirksam zu begegnen. Ist dagegen die Verordnung zu allgemein gefaßt, enthält sie z. B. lediglich die Bestimmung, daß die Bauten ein gefälliges Äußeres haben müssen, daß sie nicht verunstaltend wirken dürfen, daß sie sich anpassen müssen, so wird sie leicht nichtssagend und wertlos, verursacht deshalb der Baupolizeibehörde viel unnötige Arbeit und den Bauenden allzu hohe Kosten, da sie in Ermangelung von Anhaltspunkten oft die Pläne ändern müssen, ehe diese angenommen werden können. Schließlich geben solche umfassende nicht näher erläuterte Bestimmungen der Behörde Machtbefugnisse, die sie in kleinen Orten, wo zur Begutachtung taugliche Sachverständige sich nicht leicht finden lassen, sogar in Verlegenheit bringen können.

Mittelweg.

Am besten wird es demnach sein, allgemeine Bestimmungen zu erlassen und erläuternde Richtlinien dazu zu geben, Beispiele und Anhaltspunkte für die Architekten und alle Beteiligten.[1])

Wesentlich wird sein für alle Gemeinden, Dörfer, Landstädte, mittleren und größeren Städte, die einzelne Bauwerke oder ganze Straßen, Plätze, umfangreichere Ortsteile oder ein Bild des ganzen Ortes von eigen-

[1]) So die vom Verfasser im Auftrage des Bürgermeisters entworfene Straßburger Verordnung.

artigem künstlerischem oder kunstgeschichtlichem Gepräge, kurz Kunstdenkmäler im weiteren Sinne des Wortes aufweisen, eine Bestimmung, wonach alle öffentlich sichtbaren baulichen Anlagen, auch Arbeiten an den einzelnen Kunstdenkmälern selbst sich diesem Gepräge im Gesamteindrucke [1]) anzupassen haben. Es ist kaum zu empfehlen, eine derartige Schutzbestimmung nur zugunsten hervorragender Kunstdenkmäler zu geben, wie es einzelne deutsche Gesetze tun, weil damit schon von vornherein Zweifel in die Tragweite der Bestimmung hineingetragen würden. Die zu schützenden Kunstdenkmäler im engeren und weiteren Sinne sind möglichst vollständig zu bezeichnen, insbesondere, um den Bauenden und dem Grundstücksverkehr das nötige Sicherheitsgefühl gegenüber der Behörde zu geben. In manchen Gemeinden wird freilich die ganze Ortschaft ein eigenartiges künstlerisches Gepräge haben.

Anpassung im Gesamteindruck.

Zur Erläuterung dieser allgemeinen Bestimmung sind Richtlinien zu geben.

Richtlinien.

Es wird dabei durchweg davon abzusehen sein, vorzuschreiben, daß die Bauten in einem der alten historischen Stile ausgeführt werden sollen. Diese geben nur die äußeren historischen Schmuckformen; es ist zur Anpassung an die Eigenart eines Kunstdenkmals weder notwendig noch immer erwünscht, daß genau in dem fraglichen Stil [2]) gebaut werde, etwa neben dem

Kein Stilgebot.

[1]) Vgl. Straßburger Gesetzentwurf § 1, Ziff. 5 und Begründung dazu.

[2]) Bei der Preiskonkurrenz für den Neubau der abgebrannten Magdalenenkirche in Straßburg, von der das gotische

Straßburger Münster nur gotische Bauten errichtet werden sollen oder neben einer romanischen Kirche nur romanische Bauten. Unser größtes Kunstdenkmal, das Straßburger Münster selbst, weist — nicht zu seinem Schaden! — die Formen mehrerer verschiedener Kunstepochen auf, und der Schloßplatz macht trotz der völligen Verschiedenheit der einzelnen Stilformen (neben romanisch die verschiedenen Stufen des gotischen Stils, Renaissanceformen und der französische Baustil Ludwigs XV.) einen imposanten harmonischen Eindruck. Würde der Bau in einem der historischen Stile vorgeschrieben, wie es unter vielen Ortsstatuten und Verordnungen bisher nur das Ortsstatut einer deutschen Großstadt und einer Mittelstadt getan hat, so würden die im übrigen nicht sehr zu fürchtenden Zusammenstöße mit Anforderungen des Verkehrs, des modernen Wirtschaftslebens und der Gesundheitspflege nicht ausbleiben. Ein solcher Bau hat aber auch seine Schwierigkeiten; denn jeder Baustil ist der natürliche Ausdruck seiner Zeit; ein Neubau in einem alten historischen Stil stellt daher einen gewissen Widerspruch dar, da er nicht der Ausdruck unserer Zeit ist, sondern einer längst verschwundenen, täuscht aber auch bei sklavischer Nachahmung nicht über die Entstehungszeit und wirkt dadurch, wie alles künstlich Alte, jedenfalls für ein feineres Empfinden, leicht störend und unkünstlerisch.[1])

Chor noch erhalten blieb und verwendet werden sollte, wurde ein Projekt preisgekrönt, das keineswegs gotische Formen aufwies.

[1]) Obschon es auch Ausnahmen gibt. So wirkt z. B.

Die Anpassung muß weniger eine solche an die äußeren Schmuckformen, als eine solche an die Stimmung,[1]) an den Charakter des zu schützenden Bildes sein, an seine rhythmischen Werte.[2])

Allgemeine Richtlinien.

Für diese bestimmend sind aber außer der Lage die gesamten Umrißlinien, das Verhältnis von Höhe und Breite, überhaupt die Größenverhältnisse, die Massenverteilung, die Dachgestaltung in ihrem Verhältnisse zum übrigen Bau und zu den Nachbarbauten, das Verhältnis der Flächen und Öffnungen, Fenster und Türen sowie der Vorsprünge, weiter der verwendete Baustoff und die Farben.[3])

Beispiel Vogesenstädtchen.

Ein Beispiel wird dies erläutern: Versetzen wir uns z. B. an einem schönen sonnigen Tage um die Mittagszeit auf den Marktplatz eines unserer Vogesenstädtchen, z. B. von Barr vor das Amtsgericht: welch warme trauliche Stimmung umfängt uns da, sodaß wir uns kaum davon trennen können! Der Versuchung, dies näher hier zu beschreiben, begegnet der be-

---

das neue gotische Rathaus in Friedrichshafen am Bodensee, das der dabeistehenden Kirche auch im Stil angepaßt ist, durchaus nicht schlecht und wird noch viel besser aussehen, wenn auch es die Patina des Alters ein wenig überzogen haben wird.

[1]) Grundmann, Heimatschutz und Landschaftspflege, S. 127.

[2]) Schuhmacher, Gefahren der Ortsstatuten, Heimatschutz, 4. Jahrgang, Heft 1/3, S. 31.

[3]) Vgl. Straßburger Gesetzentwurf, Begründung S. VIII zu § 1, Ziff. 5, ferner Leitsätze über Bauordnungen in Beziehung zur Denkmalspflege von Frentzen und Stübben, 5. Tag der Denkmalspflege, 1904,

schränkte Raum dieses Buches. Wir erkennen aber leicht, daß nicht nur die vorzügliche Straßenführung, das Gefälle des Platzes und der Wege, die Zutaten, besonders der aus mehreren Rohren plätschernde runde Laufbrunnen, sondern auch die einzelnen, wohl zusammenstimmenden Häuser diesen harmonischen Eindruck hervorrufen. An das mäßig hohe, in abgetönter rötlicher Farbe stehende barocke Rathaus, das mit dem alten Amtsgericht die höchste Seite des Platzes einnimmt, schließen sich höchstens ebenso hohe Wohnhäuser an, durchweg in hellen lichten Farben, von denen sich die lebhaft oder dunkler gestrichenen hölzernen Klappläden und die nach Bedürfnis verteilten niedrigen, aber breiten Fenster freundlich abheben; die hohen Dächer sind mit einfachen Ziegeln gedeckt; die ebenso gedeckten Dachluken sind vielfach zusammengezogen und treten nicht stark hervor. Hohe Torbogen, die Einblick in entzückend malerische Gäßchen und Höfe bieten, und einzelne Freitreppen, ein Erker an dem ältesten grauen Hause rechts vervollständigen das Gesamtbild.

Verunstaltung durch großstädtische Mietskaserne.

Nun denke man sich eine großstädtische „Mietskaserne“ dorthin versetzt, die ihre 5 oder 6 Geschosse und ihre kahlen Brandmauern mehr als doppelt so hoch als die anderen Bauten emporreckt, aus sechs Reihen von schmalen, hohen, ungeschmückten Fenstern und aus einer ferneren Reihe von weit vorspringenden mit Schiefer und Zinkblech gedeckten Dachluken uns fremdartig anstarrt: mit einem Schlage ist das ganze wundervolle Bild vernichtet oder doch schwer beeinträchtigt. Das Rathaus und alle die Häuser sind gleichsam erdrückt durch den ungestalten Kasten; der warme freundliche Eindruck, den sie ausströmen, ist aufs schwerste gestört durch den Eindringling.

Dieses Beispiel gibt uns in Verbindung mit dem oben Seite 8 und 9 Gesagten zugleich Anhaltspunkte für das, was namentlich in unsern Dörfern und Landstädten zu bekämpfen ist durch die Verordnung, und, was zu fördern und zu begünstigen ist. Der schlimmste Feind des Ortsbildes in solchen Gemeinden ist das großstädtische Massenmietshaus. Die Verordnung wird gut daran tun, seine Bekämpfung, die auch aus vielen anderen Gründen, namentlich gesundheitlichen, sozialen und wirtschaftlichen durchaus angebracht ist, besonders zu betonen.

Heimische Bauweise.

Dagegen wird zu begünstigen sein, daß die Wohnhäuser, immer unter Wahrung und Entwickelung der örtlichen Bedürfnisse in den genannten Beziehungen, der bewährten heimischen Bauweise[1]) sich anschließen, denn derartige Häuser werden am besten dem Gesamteindruck des Ortsbildes sich anpassen. Ihre Baukosten werden nicht höher, ja im allgemeinen sogar niedriger sein als die irgend einer anderen Ausführung. Ihr Kennzeichen ist durchweg gerade die Schlichtheit und Einfachheit.

Die Verordnung wird daher über die Höchsthöhe und Geschoßzahl der Häuser Bestimmung zu treffen haben, soweit dies nicht in etwa bestehenden Bauord-

[1]) Vgl. auch den Erlaß des bayerischen Staatsministeriums des Innern vom 1. Januar 1904, abgedruckt in der Denkschrift des Architekten- und Ingenieurvereins S. 53 u. des bad. Ministeriums betr. die Hochbauten der bad. Staatsbahnen vom 15. April 1910.

unngen schon geschehen ist. Zwei Geschosse (ein Stock) werden in der Regel auf den Dörfern und in den Landstädten genügen, in Mittelstädten und den Vororten drei Geschosse [1]) (zwei Stock). Die Höhe der einzelnen Geschosse selbst braucht nur mäßig zu sein. Eine Vorschrift über Mindesthöhe der ganzen Gebäude wird nicht unumgänglich notwendig sein, wenn die allgemeine Vorschrift über die Anpassung, die ja hilfsweise zur Geltung gebracht werden kann, richtig gehandhabt wird.[2]) Verboten werden können in vielen Orten und alten Ortsteilen des Elsasses, nicht Lothringens, flache niedrige Dächer. Ein wohlausgebildetes, sich an die Nachbardächer gut anschließendes stattliches Dach trägt sehr viel zu dem Charakter des Hauses bei. Namentlich bei Bauten an hervorragender Stelle ist einer schönen harmonischen Dachlinie besondere Aufmerksamkeit zu schenken. Eine Zerstückelung des Daches durch Mansardengeschoß, zu viele Aufbauten, Dachfenster und Schornsteine ist zu vermeiden.

Höhe im Allgemeinen.

Dachausbildung im allgemeinen.

Zu begünstigen wird die Giebelstellung der Wohnhäuser an den genannten Plätzen, Straßen und Ortsteilen sein, auch Walmung der Dächer und das Vorspringen der Dachflächen über die Mauer.[3]) Dauernd

[1]) Vgl. auch neue Bauordnung von Straßburg §§ 44 u. 49, Begründung S. 7 ff. u. 16, ferner Vorschläge zur Erlassung örtlicher Bauvorschriften über Baudichtigkeit von Baumeister, abgedruckt in Roth, Badische Landesbauordnung 1907, S. 3.

[2]) Die neue Straßburger Verordnung zum Schutze des Ortsbildes sagt deshalb nur, daß die Gebäude im Verhältnis zu der bauordnungsmäßig zugelassenen Höhe nicht zu niedrig sein dürfen.

[3]) Bei feuersicherer Dachdeckung; § 52 der bad. Landesbauordnung.

freibleibende Brandmauern könnten in der Verordnung verboten, längere Zeit freibleibende einem gewissen Ausbildungszwange unterworfen werden, wobei oft ein Verputz und Anstrich gleich dem der Fassade genügen wird.[1]) Brandmauern.

Besondere Sorgfalt ist auch der Verteilung der Öffnungen und Vorsprünge im Verhältnis zu den Flächen zuzuwenden. Namentlich im Gebirge und bei Landhäusern dürfen die Flächen, um einen ruhigen sicheren, kurz den Eindruck einer Mauer zu machen, nicht zu sehr zerrissen sein. Die Fenster sollten nicht zu hoch, aber breit sein, eine Vereinigung, besonders im Dach, wird sich vielfach empfehlen. Die hölzernen lebhaft gestrichenen Klappläden wirken ferner viel besser als Rolläden, die man tagsüber nicht sieht, bedürfen auch nicht so vieler Ausbesserungen. Sowohl für die Dächer als für die Wände werden am besten die Baustoffe verwendet, die in der Landschaft zu Hause sind und die von der heimischen Bauweise vorzugsweise verwendet werden, also Holz, Stroh[2]) und Schindeln, da wo sie üblich und billig sind und wo auch wegen der zerstreuten Gesamtanlage der Gebäude keine Bedenken gegen diese, zugleich warmhaltenden, Deckstoffe in feuerpolizeilicher Beziehung bestehen, einfache Ziegelbedachung im übrigen (Biberschwänze), verputzte Ziegelbauten oder Holzfachwerk unter Freilassung der möglichst breit und nicht zu lang zu wählenden Hölzer. Unverputzte Backsteinbauten vermeide man durchweg

Flächen und Öffnungen.

Baustoffe.

[1]) Über die Verpflichtung des Eigentümers sowie des Nachbars, vgl. Kamptz, die Rechtsprechung des preuß. O.-V.-G., Bd. IV, S. 1012, Ziff. 2 und Roth a. a. O, S. 102 zu § 33 u. 104.

[2]) Mit feuersicheren Strohdächern werden zur Zeit Versuche gemacht.

da, wo sie nicht von jeher üblich waren, desgleichen möglichst vollständig die gemusterten und mehrfarbigen Ziegel. Für die Einfriedigung in Dörfern, Landstädten sowie mindestens in Villenvierteln von Mittel- und Großstädten werden für das Aussehen am besten, gut unterhalten, Holz und lebende Hecken[1]) verwendet, Holz vielfach auf Mauersockel, aber auch ohne solchen, auch nicht allzuhohe oder ab und zu durchbrochene Mauern;[2]) nicht zu empfehlen sind dagegen im allgemeinen die kalt und aufdringlich wirkenden ordinären Eisenstäbe. Der Verputz[3]) an den Hauptflächen des ganzen Hauses, auch an den Giebelwänden kann naturfarben bleiben oder besser mit hellen Tönen, besonders weiß behandelt werden, von denen sich dann in lebhaften Farben die Klappläden, Türen und Fenster, die Blumen und das sonnige Gärtchen abheben. Auch dunkler Anstrich (Lasierung), ebensolche Schindelung oder Holz wirken gut, wenn die Fenster- und Türleibungen weiß gehalten werden. Bei Fachwerksbauten bleiben die Hölzer entweder naturfarben oder sie werden mit Teer behandelt. Für Holzeinfriedigungen auf Sockel macht sich ein weißer Anstrich recht gut. Verboten

Einfriedigungen.

[1]) Natürlich nicht Dornenhecken; auch können, um ein Verwischen und Überwuchern der Straßengrenze zu verhüten, mindestens 10 cm hohe Sockel vor der Hecke vorgeschrieben werden, wie es die Straßburger Bauordnung vom 8. April 1910 tut.

[2]) Auch völlig geschlossene Mauern werden in der zukünftigen Straßburger Verordnung in den Gebieten ländlicher Bauweise zugelassen, da sie mit hohen Bäumen hinter sich einen eigenen intimen Reiz geben können.

[3]) Nicht Spritzputz.

werden könnte in der Verordnung die Verwendung von verschiedenfarbigen zu Mustern, Namen und Zahlen zusammengestellten Ziegeln zur Dachdeckung, sowie für Wohnhäuser die Benutzung von Zinkplatten, Wellblech oder Pappe.

Nicht nur Wohnhäuser, auch Gasthäuser, Schulbauten, Krankenhäuser, Spitäler, Kirchen, ferner Fabriken[1]) und andere industrielle Anlagen, sowie Wassertürme und Reservoire, Transformatorenhäuschen können und sollen sich der heimischen Bauweise und damit auch der Landschaft sowie dem Ortsbild anpassen und ästhetisch wohltuend wirken, ohne an Zweckmäßigkeit und modernen Einrichtungen etwas aufzugeben.

Brücken.

Dasselbe gilt von Brücken. Für sie ist in gebirgigen und engeren Tallandschaften sowie in unseren Dörfern und Landstädten der Steinbau, für kleinere Brücken auch der Holzbau dem Eisenbau, der leicht nüchtern und fremdartig wirkt, durchweg vorzuziehen, während in weiter Ebene sowie in Hafen- und Industrieorten auch dem Eisen sein Recht verbleibt, soweit es nicht durch armierten Beton verdrängt wird. Die gleichzeitige Verbindung von Eisen und Stein an dem Oberbau einer Brücke sollte möglichst vermieden werden. Abschreckende Beispiele dafür lassen sich im Elsaß und in benachbarten badischen Städten genug finden.

Gefälliger Eindruck.

Außer der Vorschrift, daß die baulichen Anlagen sich den eigenartigen Ortsbildern im Gesamteindruck

[1]) Vgl. W. Klatte, „Zur Umgestaltung des Fabrikbauwesens" im Heimatschutz, Jahrgang 4, Heft 1—3, S. 7 und die Abbildungen dort.

anzupassen haben, empfiehlt sich, besonders in Orten, die kein einheitliches Gepräge tragen, eine allgemeine Bestimmung, wonach die baulichen Anlagen an sich und im Hinblick auf ihre Umgebung nicht verunstaltend oder störend wirken dürfen, vielmehr einen gefälligen[1]) harmonischen Eindruck machen müssen.

Verbot von Verunstaltung.

Diese Bestimmung ist, sei es in erster Linie, sei es aushilfsweise, notwendig, schon um den Ortsbildern, die keinen eigenartigen Charakter aufweisen und von denen sich dies auch in Zukunft nicht wohl voraussagen läßt, den nötigen Schutz angedeihen und allmählich durch an sich nicht häßliche Bauten ein neues besseres Ortsbild entstehen zu lassen.

Auswüchse der Reklame.

Sie wird sich auch besonders gegen die Auswüchse des Reklamewesens zu richten haben, die wie wenige andere Anlagen das Ortsbild zu stören und zu verunstalten vermögen. Dahin gehören besonders große Aufschriften und Reklameschilder, die Architekturteile verdecken oder überschneiden, und solche auf den Dächern, namentlich stets von neuem plötzlich aufflammende Lichtbilder oder gar kinematographische Reklamevorführungen auf den Dächern; aber auch

[1]) Ähnlich in der neuen Straßburger Verordnung, wie in dem Ortsstatut. Es ist eine Wendung, die sich in der badischen Landesbauordnung findet und von mehreren badischen Städten übernommen ist. In der Münchener Bauordnung heißt es gar, daß die Bauten „den Anforderungen der Ästhetik" genügen sollen. – So allgemeine Ausdrücke sind freilich, da wo nicht für gute Handhabung Gewähr besteht, nicht unbedenklich. — Die Entscheidung im Einzelfall steht im freien Ermessen der Behörde. Vgl. Roth a. a. O. zu § 33 S. 105.

riesige an die Wand gemalte oder geheftete Plakate und Aufschriften, greller Anstrich usw. Am besten werden die Aufschriften einfach unter dem Gesims an den Fenstern auf die Mauer geschrieben. Den baupolizeilichen Vorschriften werden allerdings nur solche Reklameschilder u. dgl. unterliegen, die bauliche Anlagen darstellen oder betreffen, schwerlich auch einfach auf unbebautem Acker oder Baugelände aufgestellte Schilder. Für „Plakate und öffentliche allgemeine Bekanntmachungen" ist jedoch schon nach dem Gesetz betreffend das Anschlagewesen vom 10. Juni 1906 die polizeiliche Genehmigung erforderlich, die in den großen Städten von dem Polizeipräsidenten zu erteilen ist. Sie kann nach den Erklärungen des Regierungsvertreters und der Begründung des vorgenannten Gesetzes auch aus ästhetischen Gründen versagt werden. Für „öffentliche Aufschriften und Ankündigungen" kommen noch die Bezirkspolizeiverordnungen vom 10., 21. und 22. November 1887 in Betracht.

Schließlich wird die empfohlene allgemeine Bestimmung auch gegen die öffentlich sichtbaren, unvollendet gebliebenen Bauten und sonstigen Baureste verwendet werden können; eine ausdrückliche besondere Bestimmung dürfte nicht durchaus notwendig sein, wenn sie auch Zweifel auszuschließen geeignet sein wird. Das-

[1]) Daß auch die große Stadt mit all den modernsten Einrichtungen, besonders als „Arbeitswesen", viel Schönheiten hat, für den, der zu sehen und zu fühlen versteht, zeigt August Endell in einer kleinen Schrift „Die Schönheit der großen Stadt", Stuttgart 1908.

selbe gilt von der Verwahrlosung und dem Schmutz der Häuser und anderer baulicher Anlagen.

Es empfiehlt sich nicht, lediglich „grobe“, „gröbliche“, „offenbare“, „allgemein auffallende“ Verunstaltungen zu verbieten: solche Ausdrücke werden leicht von der Rechtsprechung, wie sich das in Preußen und in Sachsen gezeigt hat, allzu einschränkend ausgelegt, und die Bestimmung verliert dann ihre Bedeutung für manche Fälle der Verunstaltung. Sie sollte allgemein lauten, aber auch sie ist durch Richtlinien zu erläutern.

Größere Städte.

Die beiden vorgenannten Bestimmungen werden für Landorte, kleine und mittlere Städte im allgemeinen ausreichen; größere Städte sind wegen der Verschiedenheit der Verhältnisse innerhalb des Gemeindebannes etwas anders zu behandeln.

Hinsichtlich der Anpassung an eigenartige Kunstdenkmäler, Straßen- und Platzbilder, sowie Bilder von ganzen Ortsteilen wird die oben angeführte Bestimmung größtenteils auch hier am Platze sein, soweit die alten Stadtteile in Betracht kommen, nur können in diesen entsprechend dem durchweg teuren Boden und der nun einmal durchweg vorhandenen engen und hohen Bebauung erheblichere Höhen und mehr Geschosse zugelassen werden.

Höhe und Dachgestaltung.

Freilich darf darin, teils aus hygienischen Gründen, teils, um eine ordentliche Dachausbildung zu erreichen, nicht zu weit gegangen werden; es empfiehlt sich deshalb, möglichst an dem Grundsatz festzuhalten, daß die Haushöhe bis Dachanfang die Straßenbreite nicht überschreiten darf, und, wo eine stärkere Ausnützung durch die Bauordnung zugelassen ist, eine Bestimmung in die Verordnung aufzunehmen, daß zur Ausbildung eines steilen Daches[1]) in solchen die überschießende Höhe (ganz oder teilweise) zu verwenden ist, die Gebäudehöhe, die sich zur oberen Dachkante berechnet, also herabgesetzt wird. Es kann dann zum Ausgleich bestimmt werden, daß auch unter dem Dach unter gewissen Bedingungen (Mindesthöhe der Räume, feuersicherer Abschluß des Zuganges und der Wohnräume gegen das übrige Dach) selbständige Wohnungen zugelassen werden.[2])

Auch was oben über eine weitere allgemeine Bestimmung gegen Verunstaltung und zugunsten eines gefälligen harmonischen Eindrucks gesagt wurde, gilt durchweg auch für die Großstadt. In den Stadtteilen, wo eine „eigenartige heimische Bauweise" nicht oder nur an einzelnen Gebäuden besteht, da lasse man möglichst Freiheit; nur muß auch hier darauf gesehen werden, daß eine Harmonie des Verhältnisses der Massen, der Flächen und Öffnungen, der Formen an sich und im Anschluß an das Gesamtbild erzielt wird. Künstlerische oder doch passende Ausgestaltung, sowohl der Wohnhäuser als der Warenhäuser und öffentlichen Bauten verträgt sich, ja ergibt sich vielfach aus einem durchgebildeten klaren einfachen und praktischen Grund-

---

[1]) Mit 60—70° Steigung, nicht eines Mansardenstocks. Wo steile Dächer nicht hergebracht sind, wie in Lothringen, ist natürlich davon abzusehen.

[2]) Nach der Straßburger Bauordnung vom 8. April 1910 kann das Einrichten von selbständigen Wohnungen im Dachgeschoß nur dann erlaubt werden, wenn eines der übrigen zugelassenen Wohngeschosse in Wegfall kommt.

riß mit ebensolcher Einteilung der Räume. Der wichtigste Teil der Baukunst ist die Konstruktion und die Raumgestaltung. Die Einfachheit und Schlichtheit, die Ruhe der Formen ist auch in den größeren Städten im allgemeinen anzustreben, aber es werden hier mehr als in den kleinen Orten Erkervorbauten und dergleichen von künstlerischem Standpunkte aus Billigung finden können; es kommt dabei auch sehr auf den Zweck, die Lage und die Umgebung des Gebäudes an. Wegen ihrer Vorzüglichkeit möge hier der erste Absatz der „Richtpunkte der Münchener ortspolizeilichen Vorschriften im Interesse der Stadtverschönerung und der Denkmalspflege" Platz finden:

Weitere Richtpunkte.

„Bei Erstellung der Pläne für die äußere Gestaltung eines zu errichtenden Gebäudes ist in erster Linie Rücksicht zu nehmen auf die Lage und Umgebung. Es kommt dabei die Form der Baulinie in Betracht. Es ist zu beachten, ob das Haus etwa an einem besonders hervorragenden Punkt (Straßenabschluß, einspringende Ecke, Platz) steht, oder ob es schon von weitem her, von einer tief gelegenen oder von einer hoch gelegenen Stelle aus gesehen werden kann oder ob eine landschaftliche oder rein architektonische Umgebung vorhanden ist. Auf die Erzielung guter Gesamtbilder ist hinzuarbeiten, die Einzelhäuser müssen sich dieser Forderung unterordnen. Gute Anschlüsse an die Brandmauern und gute Formen der letzteren sind dabei ein Haupterfordernis."

Was die Baustoffe anlangt, so gibt Eisen und Glas scheinbar keinen rechten Abschluß, erfüllt also für das künstlerische Empfinden am wenigsten den Zweck einer Wand. Besonders unschön wirkt es, wenn große Häuser, die in den oberen Geschossen Wohnungen mit geschlossenen Wänden enthalten, unten auf wenige Eisensäulen wie auf Stelzen gestellt erscheinen.

Außer den oben genannten Bestimmungen sind aber für die Großstädte mit starker Entwicklung und wechselnden örtlichen Verhältnissen noch andere als wesentlich anzusehen. Vor allem ist eine Staffelbauordnung anzustreben, soweit eine solche nicht schon[1]) vorhanden ist. Schon aus hygienischen, wirtschaftlichen und sozialen Gründen ist dies notwendig und gerechtfertigt; hierzu kommt jetzt die schönheitliche Entwicklung der Stadt. Es ist nicht angängig und führt zu ganz falschen Ergebnissen, daß man alle Teile des Stadtgebiets gleich behandelt, in Wahrheit ist dies eine ungleiche Behandlung. Unter Berücksichtigung der Staffelbauordnung.

[1]) Wie in Straßburg, wo die einzige durchgebildete Staffelbauordnung seit April 1910 besteht. In den Metzer Vororten besteht eine Staffelung schon länger, in Metz selbst jedoch nur für städtisches Gelände. Die Bezeichnung Zonenbauordnung, die man auch verwendet, führt leicht zu der irrigen Annahme, daß die Baugebiete sich durchaus geschlossen als Zonen rings um den Kern der Stadt legen müssen, während nach richtiger Ansicht vielfach eine weitere Individualisierung, ein Durchdringen der Baugebiete zu erfolgen hat. Freilich darf dies auch nicht geradezu zur Spielerei führen, wie es Verfasser an einigen Entwürfen in der Berliner Städtebauausstellung gesehen hat. Der gesundheitliche, jetzt auch schönheitliche Zweck muß immer klar erkennbar bleiben.

Bodenverhältnisse, der Bodenpreise, der Verkehrsverhältnisse, der sozialen Gliederung der Bevölkerung sind die Bedingungen über die Ausnutzbarkeit des Grund und Bodens durch Bauten, die Höhe der Gebäude, die Geschoßzahl, die Maße der Abstände und der frei zu haltenden Flächen für die einzelnen Stadtteile, Straßen und Plätze zu treffen, und die Anforderungen abzustufen. Für die Gebiete geduldeter geschlossener Bauweise, bei der die Häuser reihenweise hart aneinander gebaut werden dürfen, kann erst auf Grund des neuen Gesetzes durch die Verordnung vorgeschrieben werden, daß geschlossen gebaut werden muß, soweit nicht Gewähr besteht, daß sichtbar bleibende nackte Brandmauern oder sonstige das Ortsbild beeinträchtigende Ansichten auch ohnehin vermieden werden. Näher kann hier nicht auf die allgemeinen Grundsätze der Staffelbauordnung eingegangen werden. (Vgl. oben S. 33 – 41 und die Begründung des Verfassers zur Straßb. B.-O., dort S. 2 u. 13.)

Nunmehr hat diese Einteilung und Staffelung auch unter Gesichtspunkten der Denkmalspflege und der schönheitlichen Ausbildung zu erfolgen. Besonders zu behandeln werden sein, wie schon teilweise ausgeführt, die eine bestimmte Eigenart aufweisenden Straßen und Plätze, besonders in Teilen der Altstadt und in der Umgebung von Kunstdenkmälern; desgleichen im

Wohngebiete.

übrigen besonders günstige Wohngebiete, solche in guter Lage am Bergeshange, mit schöner Aussicht, an Seen, in der Nähe von Waldungen, an Wasserläufen, die die Landschaft beleben, in der Nähe städtischer Parks usw. Es werden hier keine erheblich störenden und lästigen Fabriken, Niederlagen und andere industriellen Anlagen zuzulassen sein.[1]) Für besonders geeignete Villengebiete unter Berücksichtigung und im Anschlusse an schon vorhandene kann die offene landhausmäßige (Villen-) Bebauung vorgeschrieben werden,[2]) und auch hier darf man wieder unterscheiden zwischen vornehmen Villenvierteln und anderen Gebieten offner und flacher Bebauung z. B. der ländlichen Bauweise.[3]) Für die schönsten Straßen können höhere architektonische Anforderungen gestellt werden, desgleichen für die vornehmen Villenviertel.[4]) Einer besonderen Bestimmung dafür wird es jedoch, vielleicht von den großen Städten abgesehen, kaum bedürfen. Villengebiete.

Es kann weiter ein Zurücktreten der Häuser von der Straßenfluchtlinie zur Belebung des Straßenbildes und namentlich zur Anlage von Vorgärten angeordnet werden; für solche kommen freilich nur geeignete Wohn- Vorgärten.

---

[1]) Andererseits sind in geeigneten Gebieten an Wasserstraßen, Häfen, in der Nähe von Bahnhöfen und solchen mit günstigen Anschlußmöglichkeiten auch baupolizeilich industrielle Anlagen zu begünstigen.

[2]) Vgl. Straßburger Bauordnung § 49, wo die „offene" Bauweise vorgeschrieben ist, eine „landhausmäßige" („Villen-") Bebauung konnte damals noch nicht angeordnet werden. Vgl. über die offene Bauweise die Begründung zum Entwurf der Bauordnung S. 14.

[3]) Die Straßburger Bauordnung sowie die Verordnung unterscheidet drei Klassen, von dem Gebiete des II. Rayons abgesehen.

[4]) Vgl. Straßburger Gesetzentwurf § 1, Ziff. 6 und Begründung dazu.

gebiete, keineswegs Geschäftsstraßen in Betracht. Wenn die Vorgärten[1]) in ästhetisch erfreulicher Weise und harmonisch wirken sollen, dürfen sie nicht einen dürftigen, kleinlichen Eindruck machen; sie müssen mindestens 4, besser mindestens 5 Meter tief sein und reichlichen Pflanzenwuchs aufweisen. Sie werden am besten auf der Sonnenseite angelegt. Es sollten jedenfalls niedrige Vorbauten, Terrassen, Gartenhäuschen und dergleichen in beschränktem Umfange zugelassen werden, wenn man ein eintöniges Aussehen vermeiden will. Zu demselben Zwecke sollte dafür gesorgt sein, daß, jedenfalls in den Gebieten offener Villenbebauung, die Häuser nicht überall gleichweit zurückstehen; auch staffelförmige und „diagonale" Bebauung kann angestrebt werden. Am besten wird in den Fluchtlinien-(Bebauungs-)plänen außer der gesetzlichen Straßenflucht eine Baufluchtlinie eingezeichnet, deren Befolgung durch Verordnung des Bürgermeisters vorgeschrieben wird. Soweit die Straßenbreite für die Haushöhe maßgebend ist, kann die Vorgartentiefe der Straßenbreite zugerechnet werden. Einfriedigungen brauchen nicht überall verlangt zu werden, wenn Gewähr für anständige Behandlung der hinter der Straßengrenze liegenden Freiflächen besteht. Die Einfriedigungen müssen zum Ganzen passen; was oben Seite 90 darüber gesagt wurde, gilt auch hier. Das Zurücktreten von Häusern und die Unterhaltung von Vorgärten kann durch die Verordnung im einzelnen oder durch eine allgemeine Bestimmung vorgeschrieben werden, namentlich zur Erhaltung bestehender Vor-

[1]) Unten S. 59.

gärten und Fortbildung von Straßen, an denen schon Anfänge von Vorgärten vorhanden sind. Für unbebaute Gebiete, für die der Fluchtlinien-(Bebauungs-)plan neu festgesetzt oder geändert wird, kann gleich eine Baufluchtlinie eingezeichnet werden, was freilich bindende Kraft erst erhält durch eine Polizeiverordnung des Bürgermeisters, die auf den Bebauungsplan als Anlage verweist.

Reinhaltung.

Schließlich kann die Bestimmung des Art. 5 des Dekrets vom 26. März 1852, daß die Fassaden ständig rein gehalten und mindestens alle zehn Jahre aufgefrischt werden müssen, auf alle öffentlich sichtbaren Flächen ausgedehnt werden. Damit ein Haus einen künstlerisch wohltuenden Eindruck macht, ist es nicht nötig, daß es schmutzig und verwahrlost aussieht, und das braucht auch nicht notwendig mit der Patina des Alters verbunden zu sein, nur muß dafür gesorgt werden, daß diese Bestimmung mit aller Vorsicht gehandhabt wird, und die Auffrischung unter völliger Anpassung an den Charakter des Hauses und der Umgebung zu erfolgen hat, was zweckmäßigerweise in der Verordnung wie in der einzelnen Aufforderung betont werden kann.[1]) In den großen Städten wird möglichst dafür zu sorgen sein, daß gleichzeitige Auffrischung ganzer Straßen, nicht nur einzelner Häuser, die dann aus dem Rahmen herausfallen würden, veranlaßt, also lieber ein wenig zugewartet wird mit der Aufforderung, bis alle Häuser der Straße oder des

[1]) Wie in Straßburg.

Platzes dafür reif sind. Auch eine allgemeiner gefaßte Bestimmung gegen Verwahrlosung und Schmutz kann sich empfehlen.

Ausnahmen (Dispense).

In der Verordnung ist weiter zu berücksichtigen, daß es immerhin Fälle geben kann, wo eine Ausnahme von gewissen Bestimmungen der Verordnung durchaus geboten erscheint. Es wird deshalb, jedenfalls für die Großstadt, erwünscht sein, in der Verordnung dem Bürgermeister, gegebenenfalls nach Anhörung von Sachverständigen, die Befugnis vorzubehalten, in geeigneten Fällen von der Anwendung abzusehen.[1])

Zwar wird ein Bau, der den Bestimmungen der Verordnung entspricht, regelmäßig eher eine geringere Belastung des Eigentümers mit sich bringen, als eine mit dieser Bestimmung in Widerspruch tretende Bauausführung, denn gerade das Einfache ist vielfach das Schöne, während die Überladung mit Zieraten und die dadurch hervorgerufene Unruhe einen Hauptmangel von manchen Bauten unsrer Zeit bildet. Aber es lassen sich immerhin Fälle denken, in denen dem Eigentümer nicht zugemutet werden kann, große unverhältnismäßige Kosten zugunsten selbst der All-

---

[1]) Ohne einen solchen Vorbehalt wäre der Bürgermeister nicht berechtigt, von der Anwendung der Vorschrift abzusehen; die Verordnung ist wie ein Gesetz auch für die Behörde selbst bindend, soweit sie nicht einen Vorbehalt enthält; desgleichen für die Aufsichtsbehörde. Vgl. auch preußisches Oberverwaltungsgericht IX, S. 332 u. 340, Ackermann, Der Baukonsens, S. 145ff.

gemeinheit zu tragen, und anderseits bei Abstandnahme von der Vorschrift ein nennenswerter Schaden für das Ortsbild nicht entsteht. Die meisten deutschen, zum Schutze des Ortsbilds erlassenen Gesetze enthalten daher eine derartige Bestimmung, wenn auch durchweg nur für bestimmte Arten von Fällen.[1]) Das gegenwärtige Gesetz enthält keine solche Vorschrift und bedarf ihrer auch nicht, weil es ja alles dem Ortsstatut und der Verordnung überläßt. In der Verordnung empfiehlt es sich nun, den Vorbehalt ziemlich weit zu fassen. Außer wirtschaftlichen können auch gesundheitliche Gründe im Einzelfalle derartig gewichtig in die Wagschale fallen, daß man die künstlerisch-ästhetischen Rücksichten zurücktreten lassen muß.

Schließlich ist zu beachten, daß es für den Erfolg auch der besten Verordnung von ausschlaggebender Bedeutung ist, welchen Personen sie anvertraut ist und wie sie gehandhabt wird. Es kann nur dringend angeraten werden, in die Verordnung eine Bestimmung aufzunehmen, wonach vor jeder für das Ortsbild wichtigen Entscheidung Sachverständige gehört werden sollen. Das Gesetz selbst bestimmt darüber nichts; es ordnet Anhörung von Sachverständigen nur vor dem Erlaß des Ortsstatuts an, auf Grund dessen die Verordnung ergeht. Schon die Zweifelhaftigkeit mancher ästhetischer Werte gebietet, Sachverständige vor allen wichtigen Entscheidungen zu hören und zwar solche der Baukunst und Kunst überhaupt, nicht Techniker schlecht-

Sachverständige.

[1]) Wie z. B. in dem preußischen Gesetz von 1907 nur bei unverhältnismäßiger finanzieller Belastung des Bauenden.

hin. Sie können im Einzelfalle zugezogen werden oder zu den Beamten der Gemeinden, Bezirke, des Staats oder Reichs zählen und ständig mit dieser Aufgabe betraut sein; ihrem Berufe nach können sie ausübende Baumeister, Künstler oder anerkannt kunstverständige Laien sein; in wichtigen Fällen, besonders wenn es sich um Denkmalschutz im engeren Sinne handelt, wird auch die Anhörung des Konservators der geschichtlichen Denkmäler, auch soweit sie nicht jetzt schon vorgeschrieben ist, durchaus am Platze sein.

In den kleineren Orten werden sich freilich nicht immer die nötigen Sachverständigen finden lassen, indes wird eine ausreichende Begutachtung in den meisten Fällen möglich sein; es kommen dafür die in der Gemeinde bestehenden Vereine für Altertumspflege, Denkmalspflege, Verschönerung und die auf diesem Gebiete tätigen Gesellschaften, ferner die Architektenvereine, die Gemeindearchitekten, die Denkmalspfleger, weiter besonders die 8 Hochbauinspektoren des Landes, die Konservatoren und schließlich die Landesbaukommission in Betracht.

Kunstkommissionen.

Namentlich in den großen Städten, wo die nötigen Kräfte leichter zu finden sind, dürfte eine ständige Kunstkommission zu hören sein. Ihre Zusammensetzung könnte besonders in der ersten Zeit, wo noch Erfahrungen über ihre Wirksamkeit zu sammeln sind, dem Bürgermeister überlassen werden, aber es spricht auch manches dafür, daß der Gemeinderat einen Teil der Sachverständigen wählt, da diese dann eher als die Vertrauensmänner der Bevölkerung erscheinen. Nur sollten lediglich wirkliche Sachverständige, die selbstverständlich auch Grundeigentümer sein können, Mitglied der Kommission sein, nicht bloße Interessentenvertreter. Die wirtschaftlichen, sozialen und hygienischen Gesichtspunkte hat schon der Bürgermeister oder sein Vertreter bei seiner Entscheidung zu prüfen und nötigenfalls zu vergleichen mit den ästhetischen. Die Mitglieder werden am besten auf einige Jahre benannt und sind ehrenamtlich tätig.

Die Kommission sollte möglichst aus den tüchtigsten Künstlern und Kunstverständigen bestehen, die Gewähr dafür bieten, daß nicht einseitige Lehrmeinungen, Dogmen und Richtungen zur Herrschaft gelangen, aber auch, daß sie durch keinerlei persönliche Rücksichten und Interessen sich bestimmen lassen in ihrem Urteil. Die Frage, ob dem Künstler, dem Sachverständigen des künstlerischen Sehens, oder dem Archäologen, der die Kunstwerke vor allem als Gegenstände wissenschaftlicher Forschung ansieht, die entscheidende Stimme einzuräumen ist, wird im allgemeinen zugunsten des erstgenannten zu entscheiden sein. Da auch die Bauten des Reiches, des Landes, der Bezirke und Gemeinden der Verordnung unterliegen,[1] wie überhaupt den baupolizeilichen Bestimmungen, von militärischen Festungsbauten abgesehen, so wird der Bürgermeister gut daran tun, auch den einen oder anderen Beamten dieser Körperschaften in die Kommission aufzunehmen. Die Anhörung einer vollständigen

---

[1]) Vgl. Straßburger Bauordnung § 10, auch die Erklärung des Regierungsvertreters im Landesausschuß, XXXVII. Session, 33. Sitzung vom 14. Juni 1910, S. 835.

Kunstkommission dürfte das Gewicht der Entscheidung des Bürgermeisters wesentlich verstärken. Ihre Stellung ist freilich nur eine begutachtende, die Entscheidung steht nach den gesetzlichen Bestimmungen stets dem Bürgermeister oder seinem Vertreter zu. Die Verhandlungen der Kommission sind durchaus vertraulich zu behandeln und von den Mitgliedern geheim zu halten. Die Regelung des Geschäftsganges kann gleichfalls dem Bürgermeister überlassen werden, sie ist ebenso wie die Zusammensetzung und der Umfang der Kommission so vorzusehen, daß eine Verzögerung der Baugesuche nach Möglichkeit vermieden wird.

Die Kommission wird ihre Aufgabe nicht nur in der amtlichen Begutachtung der Baugesuche und der Unterstützung des Bürgermeisters, sondern namentlich auch darin zu erblicken haben, daß sie das Verständnis der Bevölkerung, besonders auch der Bauhandwerker, für die Schönheit des Ortsbildes und der heimischen Bauweise zu wecken sucht und ihre Hilfe durch guten Rat bereitwillig gewährt.

Die Anwendung der Verordnung sollte den Bauenden möglichst wenig unnütze Kosten verursachen. Wenn auch die Abweisung eines Baugesuches erfolgen muß, weil es in ästhetisch-künstlerischer Beziehung nicht ausreicht, so werden den Bauenden auf ihre Bitte doch mindestens Fingerzeige zu geben sein, welche Änderungen notwendig wären, besonders wenn es sich um kleine Leute handelt, die bauen wollen.

Beratungsstelle.

Die Kommission, die mit den andern ausübenden Baukünstlern rege Fühlung haben sollte, könnte zugleich im Gemeindebezirk Beratungsstelle[1]) für die Bauenden sein. Eine Konkurrenz davon brauchen die ausübenden Architekten nicht zu fürchten. Die Beratungsstelle dürfte im allgemeinen höchstens Skizzen liefern. Es kommt dafür hauptsächlich die Übergangszeit in Frage, bis sich die Bevölkerung in die neuen Anforderungen eingelebt hat und bis ihr Schönheitsempfinden und ihr Sinn für eine bodenständige Bauweise geweckt ist. Wenn die Verordnung dazu beiträgt, daß die Bauherren sich lieber an wirkliche Künstler als an Stümper und Pfuscher wenden, so ist dies nur eine sehr erwünschte Nebenwirkung.

Form des Erlasses der Vorschriften.

Eine mehr formelle Frage ist es, ob die Baupolizei Vorschriften zum Schutze des Ortsbildes als besondere Verordnung oder als Bestandteil der allgemeinen Bauordnung erlassen soll; beides hat seine Vorteile und Nachteile.

Durch allgemeine Bauordnung.

Die zweite Lösung hat das Gute, daß alle oder doch jedenfalls die meisten für die Errichtung eines Baues in Betracht kommenden lokalen baupolizeilichen

[1]) Beratungsstellen für ganze Bundesstaaten oder Provinzen bestehen durchweg mit gutem Erfolge, in Württemberg die öffentliche Beratungsstelle in Stuttgart, in Bayern die private Auskunftsstelle des Vereins für Volkskunde in München, im Königreich Sachsen und in Meiningen Geschäftsstellen des Bundes Heimatschutz; ferner von mehreren provinzialen landwirtschaftlichen Körperschaften eingerichtete Beratungsstellen; in Elsaß-Lothringen besteht die von der Ministerialabteilung IV eingerichtete landwirtschaftliche Baustelle, schließlich die Landesbaukommission. (Verordnung v. 24. I. 1908, A.-Bl. S. 33.) — Erlaß des Preuß. Minist. v. 10. I. 1908.

Bestimmungen zusammengefaßt sind in einer einzigen Verordnung, was an sich als das Richtige erscheint.

Anderseits hat dieses Verfahren den Nachteil, daß auf verschiedenen Grundlagen erlassene Bestimmungen darin vielfach unlösbar verbunden sind, nämlich solche, die der Bürgermeister auf Grund der bisher geltenden Bestimmungen „im Interesse von Gesundheit und Sicherheit" aus eigener Machtvollkommenheit erlassen hat, und solche, die er nur auf Grund eines vom Gemeinderat beschlossenen und vom Bezirkspräsidenten genehmigten Ortsstatuts ergehen lassen konnte. Dies kann zu einer erheblichen Minderung des Einflusses des Bürgermeisters auch auf sonstigem baupolizeilichem Gebiete führen. In kleinen Orten hat dies freilich keine große Bedeutung, schon deshalb, weil dort die Bauordnung, auch soweit sie neu erlassen wird, auch im Interesse von Sicherheit und Gesundheit nur wenige notwendige Bestimmungen erhalten wird. (Vgl. oben S. 40.) Die Verordnung hat dann in der Eingangsformel zugleich das Gesetz vom 16. August 1790 über die Gerichtsverfassung außer dem neuen Gesetz und dem ermächtigenden Ortsstatut anzuführen. Dies Zusammenfassen hat auch den Vorteil, daß die Bestimmungen der Bauordnung dann jedenfalls, sei es durch das eine oder das andere Gesetz, gedeckt sind.

Durch besondere Verordnung.

In den großen Gemeinden, vor allem in den Orten, die schon eine durchgebildete Staffelbauordnung aufweisen, wie namentlich in Straßburg, werden dagegen die baupolizeilichen Bestimmungen zum Schutze des Ortsbildes besser in einer besonderen Verordnung erlassen werden, die freilich doch mehr oder weniger im Zusammenhang mit der allgemeinen Bauordnung stehen wird.

Durchsicht vorhandener Bauordnungen.

Die Gelegenheit wird zu benutzen sein, um die Bauordnungen daraufhin durchzusehen, ob sie etwa Bestimmungen enthalten, die, ohne daß ein dringendes Interesse der Gesundheit, der Sicherheit oder des Verkehrs[1]) es gebietet, in ästhetisch-künstlerischer Beziehung unerfreulich wirken. Dahin können gehören die Bestimmungen über Einhaltung der Fluchtlinien, gleichlaufende Stellung der Bauten, Einfriedigungen aus Eisen, über Dachneigung und Dachausbildung, über Vorsprünge, Balkone und Erker, das Verbot von Holzfachwerk und Holz, von Dachdeckung in Stroh und Schindeln, von Sockelvorsprüngen und Freitreppen, Vorschriften, welche die Errichtung allzuhoher Häuser zulassen, solche über Höherführung der Brandmauern bis übers Dach, eine im Verhältnis übermäßige Belastung der kleinen Häuser, besonders der Landhäuser, mit Vorschriften über Mauerstärken, Brandmauern, Freitreppen, feuersicheres Material, Geschoßhöhe usw.

Die neue Straßburger Bauordnung war, schon als das Zustandekommen des Gesetzes noch nicht in bestimmter Aussicht stand, bestrebt, soweit es die Sorge für Sicherheit und Gesundheit gestattet, sich möglichst von allen unnötigen Belastungen fern zu halten und zwar zugunsten der Erhaltung und Ausbildung eines schönen Ortsbilds, sowie vorher bestehende derartige Bestimmungen auszumerzen; auch ist für zahlreiche Bestimmungen die

---

[1]) Vgl. oben S. 7 und Anmerkung 1 dort.

Ausnahmebefugnis vorbehalten,[1]) besonders auch zugunsten der Altstadt, z. B. zur Erhaltung alter Fachwerkshäuser, solcher mit Überhängen usw., von der namentlich aus ästhetisch-künstlerischen Rücksichten Gebrauch gemacht werden kann.

Durchsicht vorhandener Fluchtlinien-(Bebauungs-)pläne.

Nicht nur die vorhandene Bauordnung, sondern auch die Fluchtlinienpläne (Bebauungspläne) sind einer Durchsicht zu unterziehen, denn die Bebauung ist keineswegs durch die baupolizeilichen Vorschriften allein bestimmt, sondern u. a. auch namentlich durch die Führung der Straßen und Plätze, sowie die Gestaltung der Baublöcke. Es sollten durchgehende Verkehrsstraßen, die entsprechende Richtung, Breite, Befestigung und Ausstattung haben, unterschieden werden, und einfache Wohnstraßen, die vor allem dem Wohnbedürfnis dienen. Für diese genügt eine mäßige Breite und Befestigung. Im allgemeinen wird die geplante Straßenbreite die zulässige Höchsthöhe der Gebäude, die sich bis Dachkante berechnet, um einige Meter zu überschreiten haben, um eine genügende Licht- und Luftzufuhr auch für das Erdgeschoß der gegenüberliegenden Häuser zu ermöglichen und zugleich zu gestatten, daß die Dächer an Stellen, wo es die heimische Bauweise oder die Anpassung an das Ortsbild, z. B. in der Altstadt, ver-

[1]) Vgl. Straßburger neue Bauordnung §§ 12, 14, Ziff. 6, 17, Ab. 3, 29 am Ende, 30 Abs. 3 d, 45, Ziff. 11 d, 49, Ziff. 6, Abs. 4. Dies bot vor Erlaß dem neuen Gesetze fast die einzige Möglichkeit, auch auf künstlerisch-ästhetischem Gebiete einen Einfluß auszuüben auf nichtstädtische Bauten. — Die neue Verordnung bildet einen Nachtrag zur B.-O. und verfolgt nicht ausschließlich ästhetische Zwecke.

langt, höher als in einem Winkel von 45°, etwa bis in einem solchen von 60° hochzuführen; bei Wohnstraßen in Villenvierteln wird eine noch geringere Breite genügen, bis auf 6 Meter herab, wenn, jedenfalls auf einer Seite, ein Zurücktreten der Häuser in der Bauordnung vorgeschrieben ist. Auf die Notwendigkeit künstlerischer Straßenführung und Platzgestaltung ist schon oben S. 12 hingewiesen worden. Bei neuen Bebauungsplänen empfiehlt es sich für Gelände, das erst in ferner Zukunft Baugelände wird, nicht sämtliche Straßenzüge bis in alle Einzelheiten festzulegen, sondern es wird im allgemeinen genügen, nur die Hauptlinien festzusetzen.

Zur Durchführung der materiellen Bestimmungen der Verordnung gehört endlich auch die Kontrolle. Es muß also auch eine Vorschrift aufgenommen werden, welche Bauausführungen der Bauerlaubnis bedürfen, und welche Bauvorlagen mindestens verlangt werden.

Baugesuch, Bauvorlagen und Bauerlaubnis.

Ohne weiteres kraft Gesetzes bedürfen nicht überall Bauausführungen der Bauerlaubnis. Zu vergleichen sind dafür die Ausführungen oben S. 44 u. 49. Die Einholung der Bauerlaubnis kann aber durch Verordnung auch an Privatstraßen vorgeschrieben werden, die dem öffentlichen Verkehr nicht dienen, auch für Ausführungen, die nicht unmittelbar an der Straße, sondern hinter einer Einfriedigung ausgeführt werden, und überhaupt für alle Bauausführungen, für die die Wahrung der öffentlichen Sicherheit und Gesundheit,[1]) sowie nach dem neuen Gesetz und dem Ortsstatut der

[1]) Vgl. Emerich, a. a. O., S. 457.

Schutz des Ortsbilds in Betracht kommen, auch soweit nicht unmittelbar kraft des Gesetzes die Bauerlaubnis einzuholen ist. Es wird sich aber auch, soweit dies der Fall ist, empfehlen, eine Bestimmung in die Bauordnung oder in die besondre Verordnung aufzunehmen, welche Bauausführungen der Erlaubnis unterliegen, damit der Baulustige weiß, wofür er Bauerlaubnis einzuholen hat. Auf Grund des gesetzmäßig in entsprechender Fassung ergangenen Ortsstatuts könnte die Einholung der Bauerlaubnis für alle öffentlichen Arbeiten an baulichen Anlagen vorgeschrieben werden, d. h. für alle, die sichtbar werden von dem öffentlichen Verkehr dienenden Straßen, Plätzen, Parkanlagen, Eisenbahnlinien und Aussichtspunkten.

Soweit wird man nun in den kleinen Orten, wo die geeigneten Kräfte zur Prüfung aller hierher gehörigen Gesuche nicht ausreichend vorhanden sind, nicht gehen dürfen. Es wird genügen, für alle wichtigen Arbeiten, Neubauten, Umbauten, Aufbauten, Abbruchsarbeiten, die eine erhebliche Veränderung der Umrißlinien des Daches, der Fassade, der Giebelmauern mit sich bringen, u. a. auch für große Reklameschilder und Aufschriften, die Einholung der Bauerlaubnis vorzuschreiben. Zu eng darf eine solche Bestimmung nicht gefaßt sein; auch eine bloße Anzeige ohne Abwarten der Entscheidung sollte im allgemeinen nicht genügen, denn die Beseitigung verunstaltender, mit der Verordnung in Widerspruch tretender baulicher Anlagen ist vielfach schwierig durchzusetzen und ist auch für die Betroffenen viel härter, als wenn rechtzeitig eine Ablehnung des Baugesuchs und ein Hinweis auf seine Mängel erfolgt. In den großen Städten, wo die Baupolizei mit den nötigen Kräften ausgestattet ist, kann die Verordnung einen umfassenderen Kreis von Bauausführungen dem Erlaubniszwang unterwerfen, wenn auch die Arbeit der prüfenden Stellen dadurch wächst. Schon jetzt ist ja in den Bauordnungen der größeren Städte für die meisten Bauausführungen die Einholung der Bauerlaubnis vorgeschrieben.[1]) Soweit es nicht der Fall ist, bedarf es einer Ergänzung, z. B. für den Anstrich eines Hauses. Für geringfügige Ausbesserungen u. dgl. sollte jedoch eine Anzeige von der bevorstehenden Ausführung ausreichen. Die Anlagen des Baugesuchs, die erforderlichen Pläne und Zeichnungen, die Erläuterung der Bauart, der Baustoffe und der Farben, die Ansichten und Schnitte sowie Beschreibungen der zu verwendenden Konstruktion müssen derart beschaffen sein, daß auch in ästhetischer Beziehung die Prüfung des Gesuchs ohne Schwierigkeit erfolgen kann; sie müssen also namentlich auch die voraussichtlich lange oder dauernd öffentlich sichtbaren Ansichten zeigen, ferner kann ein Lageplan verlangt und, von kleinen Orten, wo jede Baustelle bekannt ist, abgesehen, vorbehalten werden, soweit wirklich notwendig, auch eine photographische oder zeichnerische Wiedergabe der Nachbargebäude zu fordern. Es wird sich auch weiter in der Bestimmung ein Vorbehalt empfehlen, daß noch weitergehende Erläuterungen verlangt werden können, etwa in wich-

Anzeige vor Ausführung.

[1]) Straßburger Bauordnung vom 8. April 1910 § 1, neue Verordnung zum Schutze des Ortsbildes § 1.

tigen Fällen eine farbige Perspektive, bei ganz großen erheblichen Arbeiten auch ein Bebauungsschema, bei Anstrich und Malerei eine Skizze oder ein Probestrich. Es muß freilich, namentlich anfangs, mit solchen Vorschriften möglichst Maß gehalten werden.

Inkrafttreten der Verordnung.

Für das Inkrafttreten der Verordnung bedarf es nicht notwendig einer Bestimmung in ihr; mangels einer solchen tritt die Verordnung mit der Verkündung in Kraft; eine ausdrückliche Bestimmung wird sich aber immerhin empfehlen; es kann ein bestimmter Tag oder einfach der Zeitpunkt der Verkündung der Verordnung angegeben werden. In diesem Falle trifft die Verordnung alle Bauten, auch soweit sie schon geprüft sind und die Genehmigung erhalten haben, bei denen zu jenem Zeitpunkt noch nicht mit der Ausführung selbst begonnen, also von der Genehmigung noch kein Gebrauch gemacht worden ist. Dies ergibt sich schon aus der Natur der Bauerlaubnis als einer Erklärung, daß nach den zur Zeit der Bauerlaubnis bestehenden öffentlichrechtlichen Bestimmungen nach Maßgabe des Prüfungsbereichs einem Bau kein Hindernis entgegensteht.[1]) Das Reichsgericht geht in einer Entscheidung sogar noch weiter und unterwirft bei einer Änderung der Rechtslage einen Bau dem neuen Recht, soweit er noch nicht vollendet ist.[2]) Um Zweifel auszuschließen, könnte deshalb ausdrück-

---

[1]) Vgl. Emerich, a. a. O., S. 457 und die dort angeführten Entscheidungen des preußischen Oberverwaltungsgerichts, z. B. bei Kamptz 4, S. 406.

[2]) Vgl. Entscheidungen in Zivilsachen 34, S. 242, Urteil vom 22. September 1894.

lich eine Bestimmung getroffen werden, etwa, wenn Gefahr im Verzug ist, daß die Verordnung am Tage der Verkündung in Kraft tritt mit Wirkung auch für die genehmigten Bauausführungen, mit denen selbst noch nicht begonnen ist.[1]) Eine eigentliche Rückwirkung auf begonnene Bauten könnte höchstens bis zum Inkrafttreten des ermächtigenden Ortsstatuts selbst festgesetzt werden und wird sich auch nicht empfehlen. Anderseits wird es besonders in den großen Städten nicht unbedenklich sein, die Verordnung erst nach Ablauf einer längeren Frist nach der Verkündung in Kraft treten zu lassen.

Die Überwachung der in Ausführung begriffenen Bauten selbst sollte, wenn irgend möglich, bestimmten, dazu vorgebildeten Beamten übertragen werden. Wo eine Kunstkommission besteht, könnte eine gewisse Überprüfung in künstlerischer Beziehung von den Mitgliedern der Kommission, etwa von jedem in einem bestimmten Stadtteile, vorgenommen werden. Baukontrolle.

B. Formelles.

Für die Verordnung gelten die allgemeinen Bestimmungen über Verordnungen der Ortspolizeibehörden; es braucht deshalb hier wohl nur kurz darauf eingegangen zu werden.

Zuständig zu ihrem Erlasse ist der Bürgermeister und zwar auch in den großen Städten des Landes, wo der größte Teil der Polizeibefugnisse einem unmittelbaren staatlichen Beamten übertragen ist. Nach Zuständigkeit.

[1]) Straßburger Bauordnung vom 8. April 1910, § 51.

dem Grundsatz «le préfet est le maire de son département», an dem die Staatsverwaltung festhält,[1]) könnte von einem Bezirkspräsidenten für seinen Bezirk oder für bestimmte gleichartige Gruppen von Gemeinden wohl auch eine Verordnung zum Schutze des Ortsbildes erlassen werden, obschon nach der Begründung zu dem Gesetzentwurf und den Verhandlungen darüber es der Gemeinde überlassen werden sollte, ob und in wie weit sie ein Bedürfnis für den Schutz des Ortsbildes anerkennen will, aber die Frage wird nicht leicht praktisch werden, da die Verordnung sich innerhalb der Schranken der sämtlichen Ortsstatuten der in Betracht kommenden Gemeinden halten müßte.

Aufsichtsbehörde.

Die Verordnung bedarf, anders als das Ortsstatut, keinerlei Bestätigung einer vorgesetzten Verwaltungsbehörde;[2]) jedoch kann diese vermöge ihrer dienstlichen Überordnung auf den Inhalt der zu erlassenden Verordnung einwirken, und die Gemeindeaufsichtsbehörde kann eine Verordnung, die mit dem Gesetze nicht in Einklang steht, aufheben. Es wird sich daher im allgemeinen, besonders in kleineren Gemeinden, empfehlen, schon vor Erlaß der Verordnung mit der vorgesetzten Verwaltungsbehörde Fühlung zu nehmen. Eine Abschrift der Verordnung ist der Gemeindeaufsichtsbehörde alsbald nach ihrem Erlasse einzureichen.[3])

---

[1]) Vgl. Leoni-Mandel, elsaß-lothr. Verwaltungsrecht, S. 107 und Bruck desgleichen, Bd. II, S. 149.

[2]) Der Kreisdirektor, für Straßburg und Metz der Bezirkspräsident; Gemeindeaufsichtsbehörde ist dieser für alle großen Gemeinden.

[3]) Ausführungsbestimmung zu § 16 der Gemeindeordnung.

Am Eingang der Verordnung ist darauf hinzuweisen, daß sie auf Grund des neuen Gesetzes und des Ortsstatuts ergeht. Wenn sie nicht ausschließlich Vorschriften zum Schutze des Ortsbildes enthält, sondern auch solche „im Interesse der öffentlichen Sicherheit und Gesundheit", was wohl in der Regel der Fall sein wird, so ist auch das Gesetz über die Gerichtsverfassung vom 16.—24. August 1790 Titel IX. Art. 3 Z. 1 u. 5 sowie § 16 der Gemeindeordnung vom 6. Juni 1895 zu erwähnen. Das Schema der Eingangsformel kann also etwa lauten: Form.

„Beschluß

Auf Grund des Tit. XI, Art. 3, Ziff. 1 und 5 des Gesetzes über die Gerichtsverfassung vom 16.—24. August 1790 und des Gesetzes betr. baupolizeiliche Vorschriften vom 7. November 1910, des § 16 der Gemeindeordnung vom 6. Juni 1895, des Ortsstatuts v. . . ., das am . . . . vom Gemeinderat beschlossen, am . . . . vom Herrn Bezirkspräsidenten genehmigt worden ist, verordne ich für die Gemeinde . . . folgendes: . . . . .

Diese Verordnung tritt mit der Verkündung in Kraft."

(Datum und Unterschrift.)

„Vorstehende Polizeiverordnung bringe ich zur öffentlichen Kenntnis."

(Datum und Unterschrift).

Die „herkömmliche" Verkündung,[1]) deren die Ver-

[1]) Eine Verkündungsbescheinigung hat der Bürgermeister unter die Verordnung zu setzen und dem zuständigen Amtsgericht sowie dem Ersten Staatsanwalt eine Abschrift dieser sowie der Verkündungsbescheinigung zu übersenden. (Min. V. 19. XII. 1887, A.-Bl. S. 273.)

ordnung notwendig bedarf, besteht in öffentlichem Anschlag, Verlesen oder Ausrufen bei Trommel- oder Trompetenschall; wo eine andere Art der Bekanntmachung üblich geworden ist, in dieser, besonders in Veröffentlichung durch die Presse.

Mittel der Durchführung.

Die Mittel zur Durchführung der Verordnung sind Verweigerung der Bauerlaubnis für Bauten, die den Bestimmungen der Verordnung nicht entsprechen, polizeilicher Zwang, d. h. zwangsweise Verhinderung eines nicht genehmigten oder in Abweichung von dem genehmigten Bauvorhaben begonnenen oder fortgesetzten Baues sowie Strafanzeige an die Staatsanwaltschaft beim Amtsgericht.[1])

Außer diesen eigentlich polizeilichen Mitteln müssen aber in weitem Umfange gütliche freundschaftliche Mittel zur Anwendung gelangen.[2])

Rechtsmittel.

Gegen Verfügungen des Bürgermeisters, die auf Grund der Verordnung ergehen, ist das Rechtsmittel der Beschwerde an die Aufsichtsbehörde gegeben; gegen die Entscheidung des Bezirkspräsidenten kann Rekurs beim kaiserlichen Rat, dem obersten Verwaltungsgerichte des Landes, eingelegt werden, soweit es sich um Rechtsfragen handelt, dagegen nur weitere Beschwerde an das Ministerium, soweit dies nicht der Fall ist. Die dem Bürgermeister übergeordneten Behörden sind dabei jedoch ebenso an die Verordnung gebunden, wie er selbst, sie können also z. B. Dispense

[1]) § 367, Ziff. 15 des Strafgesetzbuches.

[2]) Vgl. oben S. 10 und unten S. 126.

nur erteilen, soweit die Verordnung einen Vorbehalt für solche enthält.

Die Gerichte, sowohl die ordentlichen als die Verwaltungsgerichte, haben nur die Befugnis der Rechtskontrolle, sie dürfen also die Verordnung nur auf ihre Rechtsgültigkeit hin prüfen, nicht auch nach ihrer Zweckmäßigkeit,[1]) denn das würde dem Grundsatz von der Trennung der Gewalten (der Verwaltungs- und richterlichen Behörden) widersprechen. Wenn aber der Kaiserliche Rat zu der Auffassung gelangen sollte, daß eine Bestimmung der Verordnung nicht den Gesetzen entspricht, so kann er doch nicht die Verordnung aufheben, sondern ihr lediglich die Anwendung versagen in dem fraglichen seiner Beurteilung unterworfenem Falle. Das Gleiche gilt von den ordentlichen Gerichten.

Der Bürgermeister kann jederzeit seine Verordnung wieder aufheben oder im Rahmen des Gesetzes und des Ortsstatuts ändern.

Eine Entschädigung für die Auflagen der Verordnung wird mangels einer Bestimmung des Gesetzes ebensowenig geschuldet wie für andere baupolizeiliche Vorschriften.[2])

---

[1]) Vgl. Entscheidungen des preußischen Oberverwaltungsgerichts, Bd. IX, S. 353 und Bd. XVIII, S. 303. Eine Frage der Zweckmäßigkeit ist z. B. die Einteilung des Banns der Gemeinde in gewisse Baugebiete und ihre Abgrenzung.

[2]) Ackermann a. a. O., S. 141.

IV.

Ortsstatuten.

Erst die Verordnung enthält zwar die bindende Kraft für die Bevölkerung; ohne sie bleibt das neue Gesetz und das Ortsstatut wirkungslos, aber der Bürgermeister kann sie, soweit das neue Gesetz in Frage kommt, nur erlassen, wenn und soweit er durch

Ortsstatut.

ein Ortsstatut der Gemeinde dazu ermächtigt wird. Das Gesetz hat davon abgesehen, im ganzen Lande unmittelbar bindende baupolizeiliche Vorschriften zu geben, es hat es der Gemeinde selbst überlassen wollen, zu bestimmen, ob und in welchem Umfange ein Bedürfnis zum Erlaß derartiger Vorschriften zum Schutze des Ortsbildes anzuerkennen sei. Die Bestimmung, daß Voraussetzung der Verordnung ein entsprechendes Ortsstatut sein soll, bildet ein Gegengewicht gegen die ungemein weite Fassung des Abs. 1 des Gesetzes. Für das Ortsstatut soll § 142 der Reichsgewerbeordnung maßgebend sein, eine Verweisung, die besser unterblieben und durch unmittelbare Angabe des Inhalts in Abs. 2 ersetzt worden wäre. Es ist hier-

Beschluß des Gemeinderats.

nach erforderlich ein Beschluß des Gemeinderats, zu

dem in den kleinen[1]) Gemeinden nach dem von der Kommission des Landesausschusses vorgeschlagenen Zusatze zu § 1 noch die Höchstbesteuerten[2]) treten. Der Beschluß unterliegt der Genehmigung der höheren Verwaltungsbehörde, also des Bezirkspräsidenten. Die gleichen Voraussetzungen bestehen für jede Änderung und die Aufhebung des Ortsstatuts.[3])

Genehmigung des Bezirkspräsidenten.

Allgemeine oder detaillierte Fassung.

Inhaltlich kann das Ortsstatut ganz allgemein gehalten sein, so daß es einfach den Bürgermeister ermächtigt, „baupolizeiliche Vorschriften zum Schutze des Ortsbildes über die Lage und die äußere Ausgestaltung baulicher Anlagen" zu erlassen, oder es kann diese Ermächtigung mehr oder weniger einschränken, sogar genau die Vorschriften feststellen, die durch die Verordnung erlassen werden sollen. Das letzte Vorgehen hat den Nachteil, daß wegen der Schwerfälligkeit des aufzubietenden Apparates und wegen der auf baupolizeilichem Gebiete sich besonders geltend machenden materiellen Interessen von Grundstücks- und Hauseigentümergruppen, sowie der Spekulanten die Verordnung sich schwer oder doch nicht so schnell und sicher den fortschreitenden oder sich ändernden Bedürfnissen anpassen kann, wie es wohl erwünscht wäre: es müßte

---

[1]) Gemeindeordnung für Elsaß-Lothringen vom 6. Juni 1895, § 1. „Große" Gemeinden dagegen sind die von mindestens 25000 Einwohnern und die gleichgestellten.

[2]) Gemeindeordnung § 44.

[3]) Entscheidungen des Verwaltungs- und Polizeistrafrechts bei A. Reger, Bd. XVI, S. 144 und 145 Entsch. des Kammergerichts vom 20. Juni 1895.

ja auch vor jeder Änderung der Verordnung dann außer dem Gutachten von Vertretern der beteiligten Eigentümer und von Sachverständigen ein Beschluß des Gemeinderats gefaßt und die Genehmigung des Bezirkspräsidenten zu der Änderung des Ortsstatuts eingeholt werden. Die baupolizeilichen Befugnisse des Bürgermeisters würden endlich da, wo die Verordnung mit der allgemeinen Bauordnung mehr oder weniger eng verbunden wäre, infolge der Mitwirkung des Gemeinderats und des Bezirkspräsidenten erheblich eingeschränkt.

Mittelweg.

Für die großen Städte empfiehlt sich deshalb ein Mittelweg. Im Ortsstatut könnte der Bürgermeister ermächtigt werden, „baupolizeiliche Vorschriften zum Schutze des Ortsbildes über die Lage und die äußere Ausgestaltung baulicher Anlagen“ zu erlassen, „insbesondere“ .... und dann könnten einzelne Grundzüge angegeben werden.[1]) Der Bürgermeister wäre auf Grund einer solchen Verordnung in der Lage, seine Verordnung nötigenfalls schnell und sicher zu verbessern und wechselnden Bedürfnissen anzupassen, auch neuen Gefahren, die dem Ortsbilde drohen, rasch entgegenzutreten. Anderseits wären ihm gewisse Anhaltspunkte gegeben, in welcher Richtung sich die Wünsche des Gemeinderats und des Bezirkspräsidenten bewegten. Das Ortsstutut enthält freilich keine gesetzliche Verpflichtung für den Bürgermeister, eine entsprechende Verordnung zu erlassen, sondern gibt nur eine Ermächtigung dazu.

---

[1]) Straßburger Ortsstatut § 1.

Vielleicht am besten wird in den größeren Städten zunächst die Verordnung ausgearbeitet und dann dem Gemeinderat ein dem obigen Vorschlage entsprechendes Ortsstatut zur Beschlußfassung vorgelegt. In dem Ortsstatut könnte der wichtigste Inhalt der Verordnung in kurzen Stichworten ungefähr und im allgemeinen wiedergegeben werden.

Vertreter der beteiligten Grundstückseigentümer.

Der Beschlußfassung über das Ortsstatut hat die Anhörung von „Vertretern der beteiligten Grundstückseigentümer und von geeigneten Sachverständigen" vorauszugehen. Diese Vorschrift ist zwingender Natur, eine sog. „Muß"-, keine „Sollvorschrift", ihre Nichtbeachtung macht das Ortsstatut nichtig. Es genügt nicht, daß bei der Beschlußfassung auch Gemeinderatsmitglieder mitwirken, die beteiligte Grundstückseigentümer oder Sachverständige sind, solche müssen vielmehr besonders angehört werden.[1]) Die Anhörung muß sich auf mehrere Personen erstrecken, eine einzige zu hören, reicht durchweg nicht aus.[2])

„Beteiligt" sind Grundstückseigentümer, die von dem Ortsstatut irgendwie betroffen werden, gegebenenfalls also, besonders wenn das Ortsstatut allgemein lautet, die der ganzen Gemeinde oder nur die Eigentümer aus bestimmten Gebietsteilen. In dem ersten Entwurf der Regierung hieß es „Hauseigen-

---

[1]) Entscheidungen des Verwaltungs- und Polizeistrafrechts bei A. Reger, Bd. XVI, S. 145, Urteil des Kammergerichts vom 18. Oktober 1894.

[2]) Entscheidungen bei Reger, Bd. XIV, S. 13, Urteil des Kammergerichts vom 12. Juni 1893.

tümer“; auf Vorschlag des Staatsrats wurde dafür besser „Grundstückseigentümer“ gesagt. Die Fälle des Stockwerkseigentums, die ja nach dem Bürgerlichen Gesetzbuch nicht mehr entstehen können, aber nach Art. 182 des Einführungsgesetzes dazu bleiben,[1]) soweit sie schon bestehen, sind nicht genannt, haben auch nur geringe Bedeutung, während dem gleichfalls nicht erwähnten Erbbaurecht[2]) größere Bedeutung zukommen kann, z. B. bei dem Straßburger „großen Straßendurchbruch“. „Vertreter der beteiligten Eigentümer“ können beliebige beteiligte Grundstückseigentümer sein oder von ihnen bestimmte oder sonst zur Vertretung ihrer Interessen befugte Personen irgend welchen Standes. „Vertreter“ ist nicht in dem streng juristischen Sinne als „gesetzliche Vertreter“ oder „Bevollmächtigte“ gemeint. Es werden besonders Vorstandsmitglider der am Orte bestehenden Vereine von Haus- und Grundstückseigentümern in Frage kommen.

Sachverständige. Sachverständige können hauptsächlich die Personen sein, die auch oben für die Beratung des Bürgermeisters als tauglich genannt sind. Namentlich in den kleinen Orten wird regelmäßig besonders der Konservator der geschichtlichen Denkmäler als Sachverständiger in Betracht kommen. An das Gutachten der Sachverständigen ist der Gemeinderat ebensowenig gebunden wie an das Ergebnis, daß die Anhörung

---

[1]) Molitor, Kommentar zum elsaß-lothringischen Ausführungsgesetz, S. 161.

[2]) §§ 1012—1017 des Bürgerlichen Gesetzbuchs, vgl. dazu das Sondereigentum des Art. 553 des Cod. civ. franç.

der Interessenten liefert; er kann auch erneut Sachverständige zuziehen oder noch andere geeignete Sachverständige im Verein mit den ersten hören, er wird aber wohl in der Regel in den meisten Gemeinden ihrem Gutachten mehr oder weniger Rechnung tragen.

Eine Nachprüfung des Ortsstatuts kann von den Gerichten jeder Art nur insoweit gültig erfolgen, als die Einhaltung der gesetzlichen Schranken und der gesetzlichen Formen in Frage steht; auf die Zweckmäßigkeit darf sie sich nicht erstrecken. Auch können sie ein Ortsstatut nicht schlechtweg für ungültig erklären, sondern nur der darauf gegründeten Verordnung die Anwendung im einzelnen Fall versagen.

Das Ortsstatut setzt die Grenzen fest, innerhalb deren der Bürgermeister auf Grund des neuen Gesetzes baupolizeiliche Vorschriften erlassen kann. Es ist in ortsüblicher Weise bekannt zu machen. –

Ideale und materielle Bedeutung des Ortsbildes.

Gemeinderat und Bürgermeister werden sich bei Beantwortung der Frage, ob ein Ortsstatut und eine Verordnung zum Schutze des Ortsbildes notwendig sind, vor Augen zu halten haben, daß diesem außer seiner hohen idealen und kulturellen Bedeutung auch ein praktischer materieller Wert zukommt, besonders was die Hebung des Fremdenverkehrs anlangt; sie werden sich weiter sagen können, daß es sich nicht nur um Lasten handelt, die den beteiligten Eigentümern auferlegt werden sollen, sondern auch um eine Wohltat für sie, da ihr eigenes Haus oder Grundstück nicht mehr durch einen häßlichen oder unpassenden Bau beeinträchtigt, ja verunstaltet werden kann, und zweifellos in einer durch die Verordnung in ihrer schönen Entwicklung geschützten Gegend viel mehr Aussicht hat, im Wert zu steigen, als wenn ein solcher Schutz nicht bestünde. Dieses Interesse, das die Eigentümer sicherlich haben, wird erst durch eine auf Grund des neuen Gesetzes ergehende Verordnung richtig gewahrt.

Das Gesetz ist am 1. September 1910 in Kraft getreten, aber erst am 29. September vom Bundesrat angenommen und am 21. November verkündet worden.

Vor dieser Verkündung konnte weder Ortsstatut noch Verordnung verkündet werden. Dagegen konnte der Gemeinderat schon vom 1. September ab über das Ortsstatut beschließen.

Weitere Maßnahmen zugunsten des Ortsbildes.

Mit dem Erlaß des Ortsstatuts sowie einer Verordnung und mit ihrer Durchführung wie überhaupt mit polizeilichen Maßnahmen ist es, wie schon oben angedeutet, nicht getan. Die gütliche Einwirkung und die Erteilung guten Rats muß einen breiten Raum einnehmen. Dazu können vertragsmäßige Auflagen bei Verkauf von städtischem und staatlichem Baugelände treten. Auch von der öffentlichen Kritik in der Presse könnte reichlich Gebrauch gemacht werden. Es muß ferner, wie schon ausgeführt, eine Änderung des Bebauungsplanes, eine zugleich künstlerische Führung der Straßen und Gestaltung der Plätze hinzukommen. Weiter sollten Staat, Bezirk, Gemeinde und kirchliche Verwaltungen bestrebt sein, in dem gleichen Sinne wie das neue Gesetz zu wirken, namentlich auch die alten Kunstdenkmäler, auch wenn sie nicht besonders hervorragend sind, nicht unnötig zu opfern, vielmehr nach Möglichkeit zu erhalten, auch Verzeichnisse anzulegen oder zu vervollkommnen, ferner durch ihre Bauten den Privaten ein gutes Beispiel zu geben. Durch gelegentliche Wettbewerbe[1]) für größere Aufgaben vermögen das künstlerische Können angeregt und tüchtige Kräfte entdeckt zu werden, durch Ehrenpreise für Bauten, die hervorragend zum Schmuck des Ortsbildes beitragen, können die Künstler anerkannt und belohnt werden. In beschränktem Umfange kommen auch finanzielle Beihülfen an unvermögende Bauende in Betracht. Weiter ist notwendig eine ständige ausgiebige Aufklärungsarbeit, die schon in der Schule einsetzt und durch Anschauungsunterricht, Schriften, Vorträge, Lichtbilder, gute Vorbilder und dergleichen das Interesse, die Liebe und das Verständnis für die Erhaltung und Verschönerung des Ortsbildes, der Heimat, in möglichst weite Kreise tragen muß. Wo kein mit derartigen Fragen sich befassender Verein[2]) am Orte besteht, möge sich ein freier Ortsausschuß dafür bilden. In den Kunstgewerbeschulen, den baugewerblichen und technischen Schulen möge man sich bemühen, den Schülern einiges Interesse und Ver-

[1]) Freilich nicht für Vorlagesammlungen, die zum Abschreiben und Kopieren verleiten, statt zum eigenen Denken und Empfinden zu führen, oder in so kleinem Maßstabe gehalten sind, daß sie keinen Wert haben.

[2]) In Straßburg ist ein Verein zur Erhaltung des alten Straßburg in der Gründung begriffen. Mögen recht viele Städte und Städtchen darin nachfolgen, aber auch das Neue nicht vergessen.

ständnis, womöglich auch künstlerisches Sehen beizubringen und es auszubilden, besonders durch Studium einfacher mustergültiger Privatgebäude und praktische Verwertung gerade für die Alltagsbauten, – alles zum Segen unseres Landes, unserer Heimat.

Thann a. d. Thur.

Zu „Emerich, Ortsbild“. Verlag von Karl J. Trübner in Straßburg.

Anhang.

I.

Entwurf eines Gesetzes zum Schutze des Ortsbildes von Straßburg gegen Verunstaltung durch Bauausführungen.

(2. Straßburger Entwurf.)[1]

§ 1.

Der Bürgermeister kann durch Verordnung (Ortsstatut) bestimmen:

1. Daß keine von einer öffentlichen Straße oder einem öffentlichen Platze aus sichtbare Bauausführung, als die auch die Bearbeitung von Gebäudeflächen gilt, erfolgen darf, ohne daß zuvor die Bauerlaubnis unter Vorlage sämtlicher für die Prüfung auch in ästhetischer Beziehung erforderlichen Pläne und Zeichnungen eingeholt ist;

2. daß Bauausführungen, die eine Straße oder einen Platz der Stadt oder das Ortsbild in auffallender Weise offenbar verunstalten würden, unzulässig sind;

3. daß unter der gleichen Voraussetzung Baureste und angefangene Bauten, deren Wiederaufbau oder

[1]) Oben S. 25.

Weiterführung nicht innerhalb einer angemessenen Frist erfolgt, zu beseitigen sind;

4. daß alle öffentlich sichtbaren Außenwände der Gebäude im ganzen Stadtgebiete nach Maßgabe des Art. 5 des Dekrets vom 26. März 1852, betreffend die Straßen von Paris, reinzuhalten und nötigenfalls aufzufrischen sind;

5. daß an bestimmten Straßen und Plätzen oder in der Nähe von oder an bestimmten Bauwerken mit bedeutendem kunstgeschichtlichem oder künstlerischem Gepräge die Bauausführungen der Eigenart des Straßen- oder Platzbildes oder des Bauwerks im Gesamteindruck Rechnung zu tragen haben;

6. daß an bestimmten Straßen und Plätzen die Neubauten höheren architektonischen Anforderungen zu genügen haben;

7. daß an bestimmten Straßen und Plätzen die Neubauten eine Höhe zwischen einem gewissen Mindest- und Höchstmaß aufweisen müssen;

8. daß an bestimmten Straßen und Plätzen nur landhausmäßige Bebauung unter Wahrung gewisser Abstände der Gebäude voneinander und von der Straße stattfinden darf;

9. daß an bestimmten Straßen und Plätzen die Neubauten mit Vorgärten versehen sein müssen, die als Ziergärten zu unterhalten sind.

§ 2.

Von der Anwendung der Bestimmungen des Ortsstatuts kann aus besonders wichtigen überwiegenden hygienischen, wirtschaftlichen oder sonstigen Gründen abgesehen werden.

§ 3.

Vor dem Erlaß des Ortsstatuts ist eine Kommission von Sachverständigen zu hören; sie soll gehört werden vor jeder auf Grund des Ortsstatuts aus ästhetischen Gründen ergehenden Untersagung oder Versagung der Bauerlaubnis, ferner vor jeder Bauerlaubnis, die für das Straßen-, Platz- und Ortsbild nicht offenbar bedeutungslos ist. Die Kommission wird gebildet von je einem vom Gemeinderat aus seiner Mitte, ferner dem Eigentümerverein, den in der Gemeinde bestehenden Vereinen von Architekten, Ingenieuren, Künstlern und Kunstfreunden gewählten Vertreter, sowie je einem Vertreter der Reichs-, Staats- und Bezirksverwaltung, endlich von Mitgliedern, die der Bürgermeister ernennt. Dieser regelt das Verfahren in der Kommission, beruft sie und führt darin den Vorsitz.

§ 4.

Die nach geltendem Recht bestehende Ermächtigung des Bürgermeisters, zum Schutze der öffentlichen Sicherheit und Gesundheit baupolizeiliche Verordnungen (Beschlüsse) zu erlassen, wird durch dieses Gesetz nicht berührt.

II.

Ortsstatut[1]) zum Schutze des Ortsbildes von Straßburg vom 23. November 1910.

§ 1.

Der Bürgermeister wird ermächtigt, baupolizeiliche Vorschriften zum Schutze des Ortsbildes über die Lage und die äußere Ausgestaltung baulicher Anlagen zu erlassen, insbesondere darüber,

1. daß die Bauerlaubnis zu versagen ist für bauliche Anlagen, die kein gefälliges Äußere haben oder für das Ortsbild störend wirken würden;

2. daß bauliche Anlagen Stadtbildern oder Kunstdenkmälern von eigenartigem künstlerischem oder kunstgeschichtlichem Gepräge sich anpassen müssen;

3. daß in bestimmten Gebietsteilen nur landhausmäßige (Villen)-Bebauung stattfinden darf unter Einhaltung von gewissen Grenzabständen;

4. daß auch aus ästhetischen Gründen bauliche Anlagen an bestimmten Straßen und Plätzen hinter die gesetzliche Straßenfluchtlinie zurückzutreten haben;

5. daß die Zwischenräume als Gärten angelegt und unterhalten werden müssen;

6. daß in bestimmten Gebieten auch aus ästhetischen Gründen keine lästigen Fabrikanlagen zulässig sind;

7. daß öffentlich sichtbare bauliche Anlagen in bestimmten Gebieten Höchstmaße und Mindestmaße sowie gewisse Geschoßzahlen einzuhalten haben;

---

[1]) Oben Seite 120ff.

8. daß in bestimmten Gebieten geschlossen, d. h. ohne seitlichen Abstand, Mauer an Mauer, gebaut werden muß;

9. daß öffentlich sichtbare bauliche Anlagen in ordentlichem Stande gehalten werden müssen und reinzuhalten sind;

10. daß bauliche Anlagen der Prüfung und Überwachung auch in ästhetischer Beziehung unterworfen werden.

§ 2.

Ausnahmen von Bestimmungen zum Schutze des Ortsbildes darf der Bürgermeister nur aus wichtigen Gründen gewähren.

§ 3.

Er soll eine je zur Hälfte vom Gemeinderat und von ihm ernannte Kunstkommission hören, bevor er aus ästhetischen Gründen die Bauerlaubnis versagt oder von Vorschriften, die zum Schutze des Ortsbildes bestimmt sind, eine Ausnahme zuläßt.

Vorstehendes Ortsstatut, das auf Grund des Gesetzes betr. baupolizeiliche Vorschriften vom 7. Nov. (Gesetzblatt v. 21. Nov.) am 19. v. M. vom Gemeinderat beschlossen, am 19. d. M. vom Herrn Bezirkspräsidenten genehmigt worden ist, bringe ich hiermit zur öffentlichen Kenntnis.

Straßburg, den 23. November 1910.

Der Bürgermeister:
I. A.: Dr. Emerich.

III.

Beschluß.

Oben S. 107 u. 117. 1. Auf Grund des Titels XI, Art. 3, Ziff. 1 und 5 des Gesetzes über die Gerichtsverfassung vom 16. bis 24. August 1790, des auf Straßburg ausgedehnten Dekretes, betreffend die Straßen von Paris vom 26. März 1852, Art. 3, 4, 5, der Gesetze vom 21. Mai 1879 und vom 6. Januar 1892, §§ 1 und 2, betreffend Beschränkung der Baufreiheit, der Verfügung des Oberpräsidenten vom 28. Februar 1873, des § 16, Ziff. 1 der Gemeindeordnung vom 6. Juni 1895, sowie des Gesetzes, betreffend baupolizeiliche Vorschriften vom 7. November 1910 (Gesetzblatt vom 21. November), des Ortsstatuts zum Schutze des Ortsbildes von Straßburg, das vom Gemeinderat am 19. Oktober beschlossen, vom Herrn Bezirkspräsidenten am 19. November genehmigt und am 23. November 1910 verkündet worden ist, wird für die Stadt Straßburg die nachstehende Verordnung erlassen.

Oben S. 114. 2. Diese Verordnung tritt am Tage der Verkündung mit Wirkung auch für alle nach dem 1. September 1910 genehmigten, aber noch nicht begonnenen Bauten in Kraft. Alle entgegenstehenden Vorschriften sind aufgehoben.

Straßburg, den 23. November 1910.

Der Bürgermeister:
I. A.:
Dr. Emerich.

Verordnung[1]) zum Schutze des Ortsbildes[2]) von Straßburg und zur Ergänzung der Bauordnung vom 8. April 1910.

§ 1.

Die Bauerlaubnis ist unter Vorlage aller für die Prüfung des Baugesuchs auch in ästhetischer Beziehung erforderlichen Pläne, Zeichnungen und Beschreibungen der beabsichtigten Ausführung für alle öffentlich sichtbar werdenden Arbeiten an baulichen Anlagen einzuholen, auch wenn die Bauordnung vom 8. April 1910 dies nicht vorschreibt. Oben S. 111—113. Oben S. 60.

Als derartige Arbeit gilt z. B. der Anstrich und die Bemalung, die Anbringung oder Aufstellung von Reklameschildern, von Bekanntmachungen, Geschäftszeichen und Aufschriften auf Bauten, dazu gehörigen Gärten und Bauplätzen, sowie von Schaukästen, ferner der Abbruch von Gebäudeteilen und jede für den Gesamteindruck nach dem Ermessen des Bürgermeisters nicht unwesentliche Umgestaltung von Bauten und von Gartenanlagen, die mit dem Gebäude ein architektonisches Ganzes bilden. Oben S. 92 ff. Oben S. 65. Oben S. 59.

Für geringfügige Ausbesserungen und einfache kleinere wie vorübergehende Aufschriften, Geschäftszeichen und Bekanntmachungen genügt eine in angemessener Zeit vor der Ausführung zu erstattende An-

---

1) Oben Seite 78—119.

2) Oben Seite 73 ff.

zeige, soweit nicht schon die Bauordnung vom 8. April 1910 Einholung der Bauerlaubnis vorschreibt.

Der Bürgermeister kann, wenn dies nach seinem Ermessen als notwendig erscheint, die photographische oder zeichnerische Wiedergabe der Ansichten der Nachbargebäude und der vorhandenen Brandmauern sowie der sämtlichen öffentlich sichtbaren Seiten des zu erbauenden Gebäudes, in wichtigen Fällen auch die Vorlage einer farbigen Gesamtskizze der geplanten und benachbarten Bauten oder einer Perspektive oder eines Bebauungsschemas verlangen.

§ 2.

Oben S. 91, 92 u. 95.

Die Bauerlaubnis ist zu versagen für jede öffentlich sichtbare bauliche Anlage und Veränderung einer solchen, die keinen gefälligen Eindruck machen oder für das Stadtbild im ganzen oder in seinen Teilen störend wirken würde.

§ 3.

Oben S. 82 ff. u. 94.

Alle öffentlich sichtbaren baulichen Anlagen an Straßen und Plätzen und sonstigen öffentlichen Teilen der Stadt, die nach dem Ermessen des Bürgermeisters ganz oder teilweise ein eigenartiges künstlerisches oder kunstgeschichtliches Gepräge haben oder aufweisen werden, haben diesem Rechnung zu tragen und im Gesamteindruck sich anzupassen. Dasselbe gilt von baulichen Anlagen, die in der Umgebung oder im Beschaufelde von derartigen den Eindruck der Straße oder des Platzes oder anderen Teiles der Stadt allein oder vorwiegend bestimmenden Gebäuden errichtet werden, und von Arbeiten an derartigen Gebäuden.

§ 4.

Es ist oben für § 2 und § 3 zu beachten, daß unter Berücksichtigung der Lage und Umgebung die Umrißlinien, die Höhe, das Verhältnis der Höhe und Breite, der Massen, der Flächen und Öffnungen, die Vorsprünge, die Gestaltung der Dächer und ihrer Aufbauten, die Farbengebung und die Baustoffe von Einfluß auf das gefällige Aussehen und die Anpassung an das Städtebild sind. Oben S. 83 ff. 87 u. 96.

§ 5.

Die Beachtung von § 2 und § 3 hat unbeschadet der Bestimmungen der Bauordnung vom 8. April 1910 zu geschehen, insbesondere der §§ 11—16, 17, 19, 20, 23, 27, 29, 30, 40, 44—46, 49, deren Befolgung, soweit sie auf die Lage und das Äußere baulicher Anlagen sich beziehen, hiermit auch zum Schutze des Ortsbildes angeordnet wird, jedoch mit folgender Maßgabe: Oben S. 51 u. 97.

a) Zu § 12 der B.-O. (Einhaltung der Fluchtlinie): Überbrückung und Überbauung von Straßen unter Wahrung der Verkehrsbedürfnisse kann ausnahmsweise zugelassen werden. In den Gebieten offener Bauweise O I—III können unbeschadet der §§ 2 und 3 die Gebäude in beliebiger Stellung und Entfernung von der Straßenfluchtlinie errichtet werden, soweit nicht besondere andere Bestimmungen ergeben.

b) Einfriedigungen (§§ 13, 49 Z. 10 Abs. I d. B.-O) aus gewöhnlichen spitzen Eisenstäben empfehlen sich in den Gebieten offener Bauweise sowie vor Gebäuden mit höchstens drei Geschossen im allgemeinen nicht.

Oben S. 99 ff.

c) Zu §§ 12, 13, 46 Z. 6 der B.-O.: — Ein Abstand der Bauten von den Straßenfluchtlinien sowie die Herrichtung und Unterhaltung des Zwischenraumes als Ziergarten kann auch aus ästhetischen Gründen vorgeschrieben werden. Dafür maßgebend sind die Baufluchtlinien, die in die Fluchtlinien- (Bebauungs-) Pläne eingetragen werden, und besondere Verordnungen.

Bestehende Vorgärten sind als solche zu erhalten.

An Straßenabschnitten, die schon ganz oder teilweise in einem Abstand von der Straßenfluchtlinie unter Belassung eines Vorgartens bebaut sind, müssen die bestehenden Bauten zurückbleiben und Vorgärten liegen lassen; das Gleiche gilt auf Verlangen des Bürgermeisters von zu errichtenden Bauten.

An dem Bauabschnitt der Ruprechtsauer Allee von der Stöberstraße bis zum Illring haben die Bauten mindestens 4 m zurückzubleiben und Vorgärten zu lassen; das neben dem schon vorhandenen hohen Haus zu errichtende Gebäude ist jedoch in einer Breite von höchstens 6 m in der Straßenfluchtlinie im Anschlusse an das Nachbargebäude zu erbauen.

Oben S. 101.

d) Zu § 19 der B.-O.: Alle öffentlich sichtbaren Anlagen müssen ordentlich aussehen und sind ständig reinzuhalten. Die Bestimmung des § 19 der B.-O. wird auf alle dauernd oder längere Zeit öffentlich sichtbar bleibenden Wände und sonstige bauliche Anlagen erstreckt. Bei der Auffrischung ist § 2 und § 3 oben besonders zu beachten; bei architektonisch ausgebildeten Holzfachwerksbauten ist das Holzwerk in der Regel freizulassen oder freizulegen.

e) Zu § 20 der B.-O.: — Baureste und unvollendet gebliebene Bauten sind in angemessener Weise instand zu setzen oder dem Anblick der Öffentlichkeit zu entziehen oder binnen einer vom Bürgermeister festzusetzenden Frist zu beseitigen.

f) Zu § 30 der B.-O.: — Holzschindelung wird an den Wänden der Obergeschosse der Wohnhäuser in O I und O II zugelassen, wenn der Abstand von der Grenze mindestens 4 m beträgt.

g) Zu § 27 der B.-O.: — Voraussichtlich dauernd oder größtenteils sichtbar bleibende Brandmauern dürfen an Stellen, die nach dem Ermessen des Bürgermeisters für das Ortsbild wichtig sind, nicht errichtet werden. Im übrigen sind dauernd oder voraussichtlich lange Zeit sichtbar bleibende Brandmauern in einfacher Weise den Anordnungen des Bürgermeisters entsprechend auszugestalten. Dieser ist zu diesem Zwecke berechtigt, Ausnahmen hinsichtlich der Höherführung der Brandmauern und deren Gestaltung zu bewilligen, auch Abwalmung des feuersicheren auf genügende Entfernung geschlossenen Daches zuzulassen. Oben S. 89.

Zur Ausgestaltung verpflichtet ist gegenüber der Baupolizei der Eigentümer des Hauses, zu dem die sichtbar bleibende Brandmauer gehört, ferner und zwar in erster Linie der Nachbareigentümer, wenn er durch vorschriftswidriges Bauen oder dadurch, daß er in dem Gebiet geschlossener Bauweise nicht an den in der gesetzlichen Fluchlinie stehenden Nachbargiebel anbaut, das völlige oder teilweise Freibleiben oder Freiwerden der Brandmauer verursacht.

Dasselbe wie von den Brandmauern hat von sonstigen fensterlosen Mauern, von Einfriedigungsmauern in angemessener Höhe abgesehen, zu gelten.

Oben S. 97 ff. h) Zu § 23 der Bauordnung und der Anlage (Baugebiete und Bauklassen):

1. Als Verkehrsstraßen im Sinne von § 23 A Z. 2 gelten und somit den Bestimmungen von G II[a] unterliegen im Erweiterungsgelände am Metzgertor folgende Straßen: die Waisengasse, die Straße, die vom Züricherplatz in südwestlicher Richtung zieht, die Straße vom Ledigenheim in der gleichen Richtung.

2. Der Klasse G III hinsichtlich der Höhe und Zahl der Wohngeschosse, im übrigen der Klasse G IV unterliegt die Lotharstraße von der Römerstraße bis zur Kirche.

3. Der Klasse G IV hinsichtlich der Höhe und Zahl der Wohngeschosse unterliegt die Ruprechtsauer Allee zwischen Stöberstraße und Illring von dem hohen Haus an der Stöberstraße bis zur Grenze des Villengrundstücks am Illring; neben dem hohen Haus hat das zu errichtende Gebäude jedoch vier Geschosse aufzuweisen.

4. Der Klasse G III hinsichtlich der Höhe und Zahl der Wohngeschosse unterliegt der Lezay Marnesiastaden von der Pionierbrücke bis zur Franziskanergasse, und der Schöpflinstaden von der Theaterbrücke bis zur Gießhausbrücke, ferner die Schwarzwaldstraße im Baublock Nr. 129, sowie die beiden Plätze im Baublock 128[b] gegenüber dem Bezirksarchiv.

5. Der Klasse O III und der Villenbebauung unterliegen die Geilerstraße auf der nördlichen Seite von der Ruprechtsauer Allee an bis zur Herderstraße, die Ecke Herderstraße und Schweighäuserstraße, die Fischartstraße im Baublock 129, die Goethestraße im Baublock 132, die Ruprechtsauer Allee im Baublock 87 b gegenüber der Einmündung der Twingerstraße bis zur Stöberstraße, sowie im Baublock 103 von Haus 60 einschließlich an bis zur Daniel-Hirtz-Straße, der Paul-Laband-Staden von dem Eckhaus an der Taulerstraße bis Illring, dieser bis zu dem bestehenden hohen Haus auf der Südseite, die Elsässerstraße auf der nördlichen Seite von der Schwarzwaldbrücke bis zur Klotzstraße. An diesem Stück der Elsässerstraße sind jedoch 3 Geschosse zulässig unter Erhöhung des Bauwichs um je 3 Meter. An dem genannten Teile des Paul-Laband-Stadens ist geschlossen zu bauen, desgleichen an dem obengenannten Teil der Fischartstraße. An dem Eckhaus Paul-Laband-Staden und Taulerstraße ist jedoch dreigeschossig zu bauen, ebenso an dem hohen Haus am Illring. Oben S. 99.

Der Klasse O II und der Villenbebauung unterliegt Baublock 76 in Neudorf (Villenstraße usw.).

6. In den Gebieten geschlossener Bauweise ist geschlossen zu bauen, soweit nicht nach dem Ermessen des Bürgermeisters Gewähr dafür besteht, daß das Ortsbild nicht beeinträchtigt werden wird.

7. Für die in der Bauordnung bezeichneten Schutzgebiete sind auch aus ästhetischen Gründen keine lästigen Fabrikanlagen und unschön wirkende Lagerstätten zulässig.

Oben S. 88. i) Es ist besonders auf Anpassung der Dächer zu achten; zu vermeiden sind in der Altstadt im allgemeinen namentlich flache Dächer, die Dächer überragende oder überschneidende Reklame- und andere Schilder und dergleichen. Zum Decken der Dächer dürfen regelmäßig weder Wellblech noch Pappe, noch zu Mustern, Buchstaben und Namen zusammengestellte mehrfarbige Ziegel verwendet werden.

k) Zu §§ 41 und 42 der B.-O.: — Fenster von Ställen und Bedürfnisanstalten können an Straßen, von dem Gebiet der Klasse O I abgesehen, verboten werden.

l) Zu §§ 44 und 45 der B.-O. (Höhe und Geschoßzahl):

1. Die Gebäude dürfen im Verhältnis zu der bauordnungsmäßig zugelassenen Höhe nicht zu niedrig, auch im Verhältnis zu den im § 3 erwähnten benachbarten Gebäuden nicht zu hoch sein.

Oben S. 88 u. 94. 2. Wo die Anpassung an das Ortsbild die Errichtung steiler Dächer erforderlich macht, wie z. B. durchweg auf der Straßenseite in der Altstadt, da ist ein steiles Dach (mit 60—70° Neigung) zu errichten. Wenn die nach § 45 der B.-O. zulässige Gebäudehöhe die Straßenbreite überschreitet, so wird sie dann um eine Geschoßhöhe, = 2,80 m, herabgesetzt. Zum Ausgleich wird in derartigen Häusern die Einrichtung selbständiger Wohnungen unter dem Dach zugelassen. In den Straßen der Altstadt von 17 m und mehr Breite, bei Eckgrundstücken auch um die Ecke an schmäleren Straßen darf ein derartiges steiles Dach über der zulässigen Gebäudehöhe errichtet, dann aber nicht zur Einrichtung selbständiger Wohnungen benutzt werden. Für die Dachneigung nach dem Hofe zu gilt Entsprechendes.

3. Soweit die Straßenbreite für die Gebäudehöhe maßgebend ist, wird die Tiefe der Vorgärten der Straßenbreite zugerechnet.

4. Nur 5 Wohngeschosse sind auch in den Klassen G I b und G II b zulässig.

m) Zu § 49 der B.-O.: – In den Gebieten offener und halboffener Bauweise O II und O III ist nur landhausmäßige (Villen)-Bebauung unter gefälliger Ausbildung aller öffentlich sichtbaren Teile und unter Einhaltung der in § 49 der B.-O. vorgeschriebenen Höchstmaße für Höhe, Geschoßzahl und Abstände zulässig; für O I wird durchweg ländliche Bauweise, für O II Bebauung mit städtischen Villen, für O III solche mit vornehmen städtischen Villen vorgesehen.

§ 6.

Bauten an auffallender für das Ortsbild besonders wichtiger Stelle sollen höheren architektonischen Anforderungen genügen und von künstlerischem Werte sein.

§ 7.

Ausnahmen von den zum Schutze des Ortsbildes erlassenen Bestimmungen können nur aus wichtigen Gründen wirtschaftlicher, gesundheitlicher oder ästhetischer Art zugelassen werden. Oben S. 102.

§ 8.

Oben S. 103—107 u. 115. Der Bürgermeister soll eine je zur Hälfte vom Gemeinderat und von ihm ernannte aus Sachverständigen bestehende Kunstkommission hören, bevor er aus ästhetischen Gründen die Bauerlaubnis versagt oder von Bestimmungen, die zum Schutze des Ortsbildes bestimmt sind, auf Grund des § 6 eine Ausnahme zuläßt.

Er kann auch im übrigen alle für das Ortsbild wichtigen Baugesuche und Baupläne der Kommission zur Begutachtung vorlegen.

Die Geschäftsordnung wird vom Bürgermeister erlassen.

Die Kunstkommission tagt unter dem Vorsitze des Bürgermeisters oder des Beigeordneten, der in seiner Vertretung der Baupolizei vorsteht.

Ihre Mitglieder haben die Verhandlungen geheim zu halten.

Vorstehende Verordnung bringe ich hiermit zur öffentlichen Kenntnis.

Straßburg, den 23. November 1910.

Der Bürgermeister:
I. A.:
Dr. Emerich.

Genaues Inhaltsverzeichnis für Seite 1--128, Zusammenstellung der Marginalien (Randvermerke).

I. Einführung, Allgemeines und Geschichtliches.

II. Baupolizei und baupolizeiliche Vorschriften.

III. Verordnungen zum Schutze des Ortsbildes.

A. Empfehlenswerter Inhalt.

B. Formelles.

IV. **Ortsstatuten.**

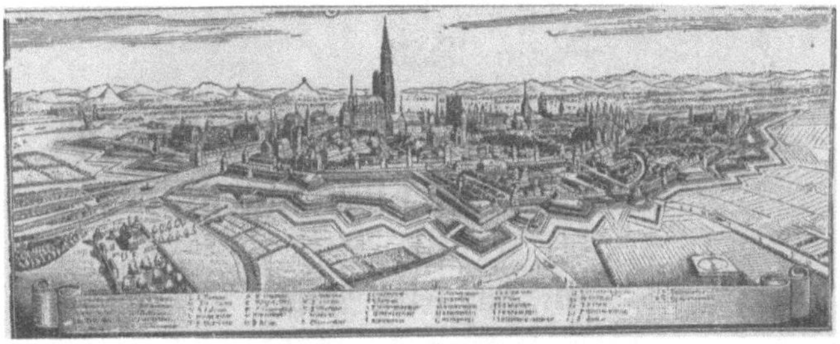

Straßburg um 1660 nach Matthäus Merian.

Geschichte der Stadt Straßburg

von

Emil v. Borries.

Mit 154 Bildern, 6 Tafeln und 7 Karten.

8°. XII, 348 Seiten. 1909.

Preis: Geheftet *M* 7.—, in elegantem Leinwandband, oberer Schnitt vergoldet *M* 8.50, in feinem Halbpergamentband *M* 10.—.

„... Wir konnten es schon voraussehen, daß der Autor in hervorragendem Maße dazu berufen sei, ein solches von eingehender Kenntnis der Verhältnisse und wärmster Hingabe zeugendes Werk zu schreiben. ... In welcher Weise nun der umfangreiche Stoff gegliedert und bewältigt ist, wie die Entstehung und die Entwicklung einer rheinischen deutschen Stadt geschildert wird, innerlich und äußerlich, alles schön vor uns entrollt aus den wirtschaftlichen Urgründen, das scheint uns hier in seiner Knappheit zumal so vorbildlich, daß ich sagen möchte: Hier sieht ein jeder das Werden und Wachsen einer deutschen Stadt. ... Man kann von diesem Werk sagen: Jeder Straßburger sollte es gelesen haben ...“ *Straßburger Post vom 22. XII. 1908.*

„Ein ganz besonderer Vorzug des auf wissenschaftlicher Grundlage aufgebauten Werkes v. Borries ist die flüssige formgewandte Darstellung. Ein Schmuck des vornehm ausgestatteten Buches sind die zahlreichen künstlerisch ausgeführten Illustrationen ... Wir haben in dem Buche eine der besten Städtegeschichten zu begrüßen“.
Corresp.-Blatt d. Gesamt-Vereins d. deutschen Geschichts- u. Altertumsvereine.

Das

Verfassungs- und Verwaltungsrecht von Elsaß-Lothringen.

Von

Dr. jur. Ernst Bruck.

Erster Band: Gr. 8°. X, 396 Seiten. 1908. In solidem Leinenband ℳ 12.—.
Zweiter Band: Gr. 8°. VIII, 287 Seiten. 1909. In solidem Leinenband ℳ 9.—.
Dritter Band: Gr. 8°. VII, 316 Seiten. 1910. In solidem Leinenband ℳ 10.—.

„Vor kurzem ist von Dr. jur. Ernst Bruck im Verlage von Karl J. Trübner in Straßburg der erste Band eines Werks „Das Verfassungs- und Verwaltungsrecht von Elsaß-Lothringen“ herausgegeben worden, worin das öffentliche Recht des Reichslandes nach dem gegenwärtigen Stande der Gesetzgebung und der Rechtslehre eine klare und verständige Darstellung gefunden hat. Der vorliegende erste Band behandelt die Entstehungsgeschichte des Reichslandes, seine rechtliche Natur, sein Verhältnis zum Reich und zum Auslande, ferner Gebiet und Staatsangehörigkeit, die staatlichen Organe (Kaiser, Bundesrat, Reichstag, Landesausschuß, Landesbehörden und -beamte) sowie die Gesetzgebung und schließt mit der Darlegung der Einrichtung und Verwaltung der Gemeinden, Ortschaften, Bezirke und Kreise. Das Werk kann Behörden und Beamten, insbesondere auch den größeren Gemeinden als brauchbares Hilfsmittel in Fragen des elsaß-lothringischen öffentlichen Rechts zur Anschaffung bestens empfohlen werden“. *Straßburger Korrespondenz 1908, Nr. 35.*

„Die hier vorliegende Arbeit ist (wieder) ein sehr dankenswertes Unternehmen. Sie behandelt in diesem ersten Bande vornehmlich das Verfassungsrecht Elsaß-Lothringens. Dafür hatte man bisher nur die schon etwas veraltete Bearbeitung von Leoni, die überdies in manchen Punkten nicht mit den herrschenden Auffassungen übereinstimmte“.

Juristisches Literaturblatt Nr. 5, 15. Mai 1908.

Strassburg und seine Bauten

herausgegeben vom

Architekten- und Ingenieur-Verein für Elsass-Lothringen.

Mit 655 Abbildungen im Text, 11 Tafeln und einem Plan der Stadt Strassburg.

Lex. 8°. XII, 686 S. 1894. M. 20.—, in Ganzleinwand M. 22.—.

Der Abschnitt „Das alte Strassburg" bringt in Wort und Bild nicht nur die Fülle dessen, was aus einer kunstliebenden Zeit auf uns überkommen ist, sondern berücksichtigt auch die dem Zahn der Zeit oder den Bedürfnissen späterer Geschlechter zum Opfer gefallenen Baudenkmäler, deren ragende Giebel und Thürme die alten Stadtbilder so reizvoll gestalteten und den Ruf der wunderschönen Stadt begründeten. Ein näheres Eingehen auf die Stadtgeschichte erschien in diesem Abschnitte unerlässlich, weil in Strassburg, wie kaum in einer andern deutschen Stadt, die örtlichen und weltgeschichtlichen Ereignisse die Baugeschichte beeinflusst haben. Von besonderem Werthe sind hier die Arbeit des Professors Dr. G. Dehio über das Münster und die Abhandlung des Stadtarchivars Dr. O. Winckelmann über die Profanbauten des Mittelalters und der Renaissance. Der letztere Verfasser giebt auf Grund eigener Quellenstudien ein anschauliches Bild der reichsstädtischen Ordnung des öffentlichen Bauwesens. Der Abschnitt „Das neue Strassburg" stellt sich als ein Rechenschaftsbericht über die stattlichen Leistungen der Baukunst und der Technik dar, welche seit der Wiedervereinigung Strassburgs mit dem Deutschen Reiche die alte Landstadt in die schnell aufblühende Residenz der Reichslande verwandelt haben.

Centralblatt der Bauverwaltung 1894, Nr. 33.

Erker Spiessgasse gez. von A. Koerttge

Die Gemeindeordnung für Elsaß-Lothringen vom 6. Juni 1895. Zweite auf Grund des Halleyschen Kommentars neu bearbeitete Auflage von Dr. Ernst Bruck. 8°. X, 444 Seiten. 1905. Geheftet ℳ 5.—; in Leinwand gebunden ℳ 5.50.

„. . . Die Beschaffung des Werkes kann den Behörden und Gemeindeverwaltungen bestens empfohlen werden".

Straßburger Korrespondenz 1905, Nr. 127.

„. . . . Es sei nur die allgemeine Bemerkung gestattet, daß Dr. Bruck sich durch die Vortrefflichkeit seiner Bearbeitung der Gemeindeordnung als berufen erwiesen hat, dem unleugbar vorhandenen Bedürfnis nach einer eingehenden wissenschaftlichen Darstellung des jetzigen Verwaltungsrechts von Elsaß-Lothringen gerecht zu werden".

Juristische Zeitschrift f. Els.-Lothr. 1906, Heft 1/2.

Das Feldpolizeistrafgesetz für Elsaß-Lothringen vom 9. Juli 1888. Erläutert von Dr. A. Stieve. 8°. XIV und 100 Seiten. 1907. Kartoniert ℳ 1.60.

Die Jagd- und Vogelschutz-Gesetzgebung in Elsaß-Lothringen. Von Dr. Ernst Bruck. Zweite Ausgabe, mit Berücksichtigung der Novelle zum Vogelschutzgesetz vom 30. Mai 1908. Kl. 8°. XI, 223 Seiten. 1910. In Halbleinwand gebunden ℳ 3.50.

„. . . Das Buch kann allen mit Jagdangelegenheiten befaßten Behörden, insbesondere den Gemeindeverwaltungen, zur Anschaffung empfohlen werden und wird auch den Jagdpächtern und Jägern in zweifelhaften Rechtsfällen willkommenen Aufschluß geben.

Straßburger Korrespondenz 1907, Nr. 39.

Die in Elsaß-Lothringen geltenden Gesetze betreffend die direkten Steuern. Text-Ausgabe. Im amtlichen Auftrage zusammengestellt von Ministerialrat Roth. Dritte Auflage. 16°. VII, 125 S. 1908. In Leinwand geb. ℳ 2.—.

FSC
www.fsc.org
MIX
Papier | Fördert
gute Waldnutzung
FSC® C083411

Kolibri 360 GmbH
Ferdinand-Jühlke-Straße 7
99095 Erfurt, Deutschland
produktsicherheit@kolibri360.de